“

Quando a derrota alcança um homem ou uma mulher, a coisa mais fácil e lógica a fazer é desistir. Isso é exatamente o que a maioria das pessoas faz.

– *Napoleon Hill*

”

Título original: *Truthful Living*

Princípios de vida
1ª edição: Janeiro 2025

Autores:
Napoleon Hill
Jeffrey Gitomer

Tradução:
Edmilson Ribeiro

Preparação de texto:
Flavia Araujo

Revisão:
Debora Capella
Iracy Borges

Projeto gráfico e capa:
Jéssica Wendy

DADOS INTERNACIONAIS DE CATALOGAÇÃO NA PUBLICAÇÃO (CIP)

Hill, Napoleon
Princípios de vida : seu guia para a liberdade financeira e o sucesso / Napoleon Hill ; tradução de Edmilson Ribeiro ; prefácio e anotações de Jeffrey Gitomer. — Porto Alegre : Citadel, 2024.
272 p.

ISBN 978-65-5047-567-3
Título original: Truthful Living

1. Desenvolvimento pessoal 2. Finanças I. Título II. Ribeiro, Edmilson III. Gitomer, Jeffrey

24-5453 CDD - 158.1

Angélica Ilacqua - Bibliotecária - CRB-8/7057

Produção editorial e distribuição:

CITADEL
Grupo Editorial

contato@citadel.com.br
www.citadel.com.br

OS PRIMEIROS ESCRITOS DE

NAPOLEON HILL

Autor de + ESPERTO QUE O DIABO e *Atitude Mental Positiva*

Princípios de vida

Seu guia para a liberdade financeira e o sucesso

PUBLICAÇÃO OFICIAL AUTORIZADA

Prefácio e anotações por

JEFFREY GITOMER

Tradução: Edmilson Ribeiro

CITADEL
Grupo Editorial

2025

“

A maioria das pessoas não está disposta a fazer o trabalho duro que é necessário para possibilitar o sucesso.

– *Jeffrey Gitomer*

”

Os primeiros pensamentos do pai da realização e da prosperidade americanas

por Jeffrey Gitomer

Em 1917, vinte anos antes da publicação de seu maior *best-seller*, *Quem pensa enriquece*, Napoleon Hill começou sua carreira como professor, filósofo e escritor no George Washington Institute, em Chicago. Lá, ele ministrou cursos sobre publicidade e vendas, mas em vez de se concentrar nos aspectos mais técnicos desses assuntos, estruturou seus cursos em torno da noção de que atitude, crença, trabalho duro e desenvolvimento pessoal eram as chaves para a realização.

Como professor e escritor, intuitivamente entendeu que, para fazer com que seus alunos tivessem sucesso, eles tinham que começar com o fundamento de que era preciso acreditar em si mesmos, ter uma atitude positiva e fazer um plano, antes que pudessem alcançar um propósito.

Consciente do potencial legado desses ensinamentos e orgulhoso de tê-los criado, Hill escreveu, datilografou e assinou à mão cada lição.

Nas duas décadas seguintes, Hill viria a aprimorar seu ofício e fundamentar seu pensamento original entrevistando e escrevendo sobre as pessoas mais bem-sucedidas de seu tempo: ícones como Edison, Firestone, Burroughs e Schwab. Ao longo de 45 anos, Hill ampliou os princípios positivos sobre os quais escreveu e falou em 1917; ele publicou dez livros que venderam mais de cem milhões de cópias, realizou milhares de conferências e palestras e tornou-se mundialmente conhecido como líder em autoajuda, desenvolvimento pessoal e atitude positiva. Cem anos depois, ainda mantém essa posição global.

Mas o que dizer daquelas lições originais sobre a vida que Napoleon Hill ensinou em 1917? Por muito tempo objeto de rumores e especulações, elas foram consideradas perdidas para a história – até agora.

O LIVRO: *PRINCÍPIOS DE VIDA*

Alguns anos atrás, a Fundação Napoleon Hill descobriu os escritos e ensinamentos originais de Napoleon Hill. Não se trata apenas dos primeiros escritos de Hill – eles representam o pensamento fundamental e fundacional que criou seu legado.

Napoleon Hill começou sua carreira como professor universitário em Cleveland, dando palestras e ministrando aulas, e teve a presença de espírito de documentá-las. Essas aulas e palestras foram escritas vinte anos antes da publicação do imortal *Quem pensa enriquece.* Esses são, de fato, os *primeiros escritos documentados* de Napoleon Hill.

Esses são os pensamentos e as ideias originais de Hill sobre como se concentrar em seus principais objetivos, ter uma ótima atitude e tornar-se bem-sucedido; são suas primeiras palestras, aulas e seus primeiros escritos. Ao mesmo tempo que Hill ensinava publicidade e vendas, concentrava-se em atitude, autoconfiança, escrita, persuasão e filosofia de vida e de convivência.

Estas páginas de *Princípios de vida* contêm os escritos e as palestras originais de Hill de 1917. *Quem pensa enriquece* foi publicado em 1937. E o livro de vendas imortal de Hill, *Quem vende enriquece*, foi publicado em 1939. As aulas e palestras originais presentes em *Princípios de vida* serviram como base de sua filosofia, sua estratégia e seu pensamento para todo o corpo de seu trabalho. Um clássico genuíno. Um gênio genuíno.

A Fundação Napoleon Hill concedeu-me a honra de editar e elucidar esses escritos para o século 21. Com toda a integridade possível, permaneci fiel aos conceitos e significados que Hill estava tentando transmitir. Eis aqui o porquê...

Em 1971, quando fui exposto pela primeira vez a Napoleon Hill, eu era membro de uma equipe de vendas incipiente e não estava impressionado com a perspectiva de aprender sobre "atitude positiva". Em treinamento com meus colegas vendedores, fui literalmente forçado a estudar o livro de Hill todos os dias. Tínhamos uma reunião de vendas matinal em que cada um de nós recebia um capítulo do livro para "relatar". Depois de um tempo, comecei a "entender" e, durante a segunda leitura do livro, apenas um mês depois, e após a discussão diária em grupo com meus colegas vendedores, passei a ter consciência de que *Quem pensa enriquece* era um livro projetado e destinado a mudar minha vida.

Na verdade, eu li *Quem pensa enriquece* dez vezes naquele ano – estudei e implementei os princípios e as diretrizes. O resultado para mim tem sido uma atitude positiva indestrutível e uma marcha firme em direção ao sucesso nos últimos 45 anos.

Há uma década sou ligado à Fundação Napoleon Hill. Eu crio a *newsletter* semanal, *Napoleon Hill Yesterday and Today*, e nos últimos dez anos a fiz chegar a mais de cinquenta mil leitores.

Como resultado de minha conexão positiva de longo prazo com a Fundação Napoleon Hill, solicitaram-me e fui autorizado a compilar e editar os escritos originais de Hill, de 1917, na produção deste livro.

Por mais eloquente que Hill fosse, as suas palavras foram ditas e escritas há cem anos. Não só o tempo mudou, como também mudaram a linguagem e o léxico.

Com o raro endosso da Fundação Napoleon Hill, temos a honra de apresentar *Princípios de vida* – um clássico moderno e centenário.

Este livro contém os primeiros escritos (elucidados) de Napoleon Hill, que irão impactar e inspirar você e leitores de todo o mundo.

Há 23 aulas e palestras sobre verdade, foco, integridade, desejo, decisão, atitude, crenças, objetivos e vida. Embora escritos há cem anos, os textos são tesouros atemporais que foram levemente editados e explicados quando apropriado de acordo com palavras e termos do século 21, mantendo a energia e a importância da obra conforme foi escrita em 1917. Estes são os pensamentos originais de Napoleon Hill, e os primeiros trabalhos apresentados por ele.

No final de cada lição, darei a você estratégias do mundo real que são fáceis de implementar e terão um enorme impacto em sua vida, sua família, seus negócios e seus ganhos.

Cordialmente,

– Jeffrey Gitomer, Rei das Vendas

"Tenha os pensamentos, tome as atitudes, e o sucesso diário pode ser seu."

– Jeffrey Gitomer

Este livro por si só não é uma mudança de vida, mas as suas ações combinadas com a sabedoria e os desafios farão de você uma pessoa mais bem-sucedida e mais próspera.

Jeffrey Gitomer

Sumário

1. O sucesso depende de VOCÊ 13
2. Termine o que você começa 35
3. Como pensar 49
4. Imaginação 62
5. O valor da autoconfiança e da sinceridade 83
6. Deixe a ambição ser o seu mestre 97
7. Adversidade: há males que vêm para o bem 107
8. Tempo: a coisa mais preciosa do mundo 117
9. Sete regras do sucesso 128
10. Adote um "objetivo principal na vida"! 138
11. A "lei da atração harmoniosa" 145
12. Como vender a si mesmo e seus serviços 156
13. Descoberta; coisas, vida e felicidade 165
14. "Sorte *versus* garra!" 173
15. Imaginação, desejo, entusiasmo, autoconfiança e concentração 180
16. Quem está por trás do seu sucesso? 196
17. Se eu tivesse apenas um desejo! 206
18. A grande chave mágica 211
19. O valor da aparência pessoal na criação de uma primeira impressão favorável 220
20. Ao sinal do dólar 227
21. "A regra dos cinco pontos" 234
22. O princípio do servir 242
23. Uma grande verdade que aprendi com a experiência de vinte anos 251
Epílogo. A verdade, toda a verdade, com a ajuda de Hill 261

Primeiro vem o pensamento; em seguida, a organização desse pensamento em ideias e planos; depois, a transformação desses planos em realidade. O início, como você observará, está em sua imaginação.

– *Napoleon Hill*

Lição número

1

O sucesso depende de VOCÊ

***INSIGHT* DE GITOMER:** As palavras mudam vidas. *Princípios de vida* é uma oportunidade dupla, se você ler e estudar este livro. A primeira oportunidade é a informação. Você ficará informado sobre a vida e o sucesso até o limite de sua massa cinzenta. Há centenas de momentos de descoberta dentro de cada lição.

A segunda oportunidade é o desafio de fazer algo com as informações fornecidas. Essa é a parte difícil. Milhares e milhares de pessoas lerão este livro, mas menos de 5% irão adotar os princípios, tomar as medidas necessárias e receber as recompensas apresentadas nas próximas páginas. Se você está buscando um lugar entre os 5% melhores, pode encontrar a fórmula nas páginas que se seguem. A fórmula parecerá simples, mas, como todas as coisas com Hill, simples nunca é fácil.

As palavras de Hill são claras, ainda que tenham cem anos de idade. As declarações e frases dele, como "o sucesso depende de você" e "exija sucesso", não requerem interpretação alguma, mas sim trabalho duro e dedicação. Aprofunde-se. Estude muito. Aja por si mesmo. E receba o que você merece. A porta de *Princípios de vida* está escancarada... entre!

NOTA DE GITOMER: Na virada do século 20, as mulheres eram em grande parte omitidas dos livros de negócios e de desenvolvimento pessoal. Embora eu ache que homens e mulheres são iguais (sou abençoado com quatro filhas e quatro netas), estou tentando permanecer o mais fidedigno possível aos escritos de Hill. Por favor, não deixe que a omissão de um pronome desanime você de ler e aprender estas informações valiosas e transformadoras.

Ao iniciar este livro, lembre-se de que seu sucesso dependerá em grande parte do seguinte:

PRIMEIRO: A maneira como você estuda. Você deve aprender a ler nas entrelinhas, bem como as linhas – isto é, você deve ver o princípio que está por trás das meras palavras em seus livros didáticos.
SEGUNDO: Você deve prosseguir neste livro exatamente como faria se estivesse sendo pago para entender tudo o que há nele.
TERCEIRO: Você deve ser entusiasmado, persistente e determinado a VENCER! Você deve olhar adiante – daqui a um, dois ou até

cinco anos – e ver a si mesmo como um sucesso, e ao mesmo tempo deve estar totalmente ciente de que o retorno que receberá vai depender em grande parte de quão bem você dominar os ensinamentos deste livro.

QUARTO: Você deve ser sistemático em seus estudos. Reserve determinada hora por dia para estudar e não deixe que nada interfira nesse tempo. Lembre-se de que tudo o que fazemos é como um hábito, e que podemos cultivar o hábito de "estudar" tão facilmente quanto o de "vagar". Adquira o hábito de estudar, e logo ele será tão natural quanto o de alimentar-se.

QUINTO: Acredite em si mesmo! A razão pela qual tantos falham é porque eles estabelecem um valor muito baixo em sua capacidade de realizar qualquer coisa. A autoconfiança é o fundamento do sucesso.

NOTA DE GITOMER: Por favor, volte e releia essa fórmula, porque ela contém a receita para o sucesso neste livro e em sua vida. Ela, como o restante deste livro, é inspiradora e desafiadora. Pegue isso e coloque em prática.

Escrever, por exemplo, é uma das chaves para uma vida bem-sucedida. Antes de poder escrever de maneira eficaz, você deve acreditar que é capaz de fazê-lo. A AUTOINSPIRAÇÃO é muito semelhante à autoconfiança. Você obtém inspiração do exterior, é verdade, mas ela deve passar pelos eletrodos dessa sua mente maravilhosa e assumir a forma de sua INDIVIDUALIDADE. Ela deve carregar todo o seu coração, a sua alma e o seu corpo como uma bateria elétrica é carregada com eletricidade. O entusiasmo é simplesmente uma questão de AUTOINSPIRAÇÃO, nada mais.

A capacidade de ter sucesso é uma questão de autoinspiração e de uma total compreensão da natureza humana e um conhecimento dos poderes latentes de sua própria mente.

– Napoleon Hill

Se eu parasse por aqui, você saberia pouca coisa a mais do que já sabia sobre como adquirir autoconfiança, entusiasmo e autoinspiração. Seria como dizer a uma pessoa para ela ser honesta se quiser ser bem-sucedida (algo que é bastante óbvio), mas sem lhe dizer COMO SER HONESTA.

Ao longo deste livro, vamos lidar com a CAUSA, bem como com o EFEITO. Para voltar à primeira causa na aquisição dessas qualidades desejáveis aqui mencionadas, deixe-me dar-lhe algumas instruções a serem seguidas – UMA ADAPTAÇÃO DA MINHA PRÓPRIA FILOSOFIA PESSOAL QUE TENHO SEGUIDO POR ANOS:

> *"Qualquer ideia,*
> *plano ou propósito*
> *pode ser colocado na mente*
> *por meio da repetição*
> *do pensamento."*
>
> – *Napoleon Hill*

Repita as frases a seguir antes de dormir à noite e logo após se levantar de manhã, continuamente, pelos próximos dez dias:

Afirme seu sucesso!

1. Eu vou me tornar uma pessoa grandiosa!
2. Tenho perfeita confiança em mim mesmo!

3. Eu sou capaz de fazer todas as tarefas que empreendo, e vou ter sucesso. Sinto que estou a caminho do maior sucesso que já conheci!
4. Estou alerta! Estou de prontidão! Todas as minhas faculdades estão sob o meu comando instantâneo! Agora vejo uma centena de objetos sobre os quais eu escreveria de forma interessante, objetos que nunca vi antes.
5. Eu sou bem-sucedido! Estou cheio de energia e poder! Eu sou destemido e corajoso! Vejo oportunidades formidáveis à minha frente!
6. Vou me tornar um especialista na carreira que escolhi! Usarei meu magnetismo pessoal e minha habilidade para qualquer propósito que possa ser lucrativo e útil para mim e meus companheiros!

Você quer ter sucesso, do contrário não estaria dedicando seu tempo a este livro. Eu não preciso ser um adivinho para chegar a essa conclusão. Então, não olhe com indiferença para nenhuma tarefa que lhe peçam para executar.

Exija sucesso!

Exija-o com todo o seu coração e a sua alma e com a máxima confiança! Se você fielmente colocar em prática as sugestões e ideias deste livro, a sua exigência será rápida e esplendidamente cumprida.

Acima de tudo, lembre-se de que todo o trabalho deste livro, os pensamentos de realização, a DEMANDA MENTAL pelo sucesso, devem preceder – e não seguir – o esforço prático externo. Em palavras mais simples, ACREDITE NO QUE VOCÊ ESTÁ FAZENDO E NAQUELES QUE ESTÃO AJUDANDO VOCÊ A FAZÊ-LO, E VOCÊ ESTARÁ FADADO A VENCER! Você deve formar uma imagem da pessoa que quer ser, e se você imprimir essa imagem nas placas sensíveis da sua mente de maneira vívida o suficiente, com certeza será exatamente como essa imagem. Você não ficará desapontado. Se você se tornar uma pessoa grandiosa, será porque primeiro QUIS SE TORNAR GRANDIOSO! Se você não conseguir se tornar uma pessoa grandiosa, será porque sua força de vontade não tinha convicção.

Torne proféticas as suas afirmações, não meras declarações maçantes de fatos! Transforme suas energias em iniciativas! Apegue-se a esta sequência: primeiro, exija, e ao exigir, gere PENSAMENTO CRIATIVO; por meio do pensamento criativo, o trabalho eficiente; e por meio do trabalho eficiente, a VITÓRIA!

Leia estas sugestões repetidas vezes! Medite sobre elas! Não procure falhas – procure pensamentos, pensamentos a partir dos quais construa AUTOCONFIANÇA, ENTUSIASMO e AUTOINSPIRAÇÃO! Em breve, a verdade e praticabilidade delas chegarão a você, e você obterá a FÉ que move as montanhas da DÚVIDA, do MEDO e da FALTA DE CORAGEM.

Não tente expor esses princípios a outros que não tiveram a oportunidade de ver a obra que está sendo feita neste livro, como você a viu. Você está se preparando para ser uma pessoa grandiosa, um grande analista da natureza humana. Você quer conhecimento que possa usar comercialmente para a melhoria de si mesmo e de seus companheiros.

LEMBRE-SE, ENTÃO, DE QUE TODAS AS FORÇAS QUE CONTRIBUEM PARA O SEU SUCESSO ESTÃO DENTRO DE VOCÊ! Lembre-se também de que AS DESCOBERTAS QUE VOCÊ FARÁ NESTE LIVRO SERÃO NA PROPORÇÃO EXATA DO QUE INVESTIR NELE EM TERMOS DE TEMPO E ESFORÇO. Você PODE e DEVE fazer por si mesmo.

A educação é algo que você mesmo deve obter. Você tem que trabalhar tanto para obtê-la como para mantê-la ! A educação é um processo de autodesenvolvimento. O dicionário diz que educação é “instrução”. Pessoalmente, não concordo. A mera instrução não é suficiente. Eu posso instruí-lo até me tornar velho e grisalho, mas se você de fato não PRODUZIR ALGUM PENSAMENTO, NUNCA APRENDERÁ A SER FORTE, VIGOROSO E BEM-SUCEDIDO.

O melhor professor em nossa equipe, do SEU PONTO DE VISTA, é VOCÊ! Comparados a esse professor, todos os homens de nossa equipe caem no esquecimento. Você obterá deste livro exatamente aquilo que decidir receber – nem mais nem menos! Nem os melhores professores do mundo poderiam mudar isso.

Seja corajoso! Tenha fé em si mesmo! Acredite que você pode realizar o que deseja realizar! Incentive essa autoconfiança e não deixe que ela se afaste de você! Acredite naqueles que estão ajudando você com este livro! Se a qualidade negativa da DÚVIDA se insinuar em sua mente, livre-se dela. Não tenha dúvida quanto à sua própria capacidade de assimilar este livro, ou quanto à capacidade de seus instrutores de ajudá-lo nisso! Receba suas lições com um espírito de alegria!

VEJA O QUANTO VOCÊ PODE ABSORVER DE CADA LIÇÃO E CONVERTER EM USO PRÁTICO RELACIONADO COM O SEU TRABALHO.

Anote os pensamentos que vierem à mente a partir de tudo o que você lê. Pegue esses pensamentos e construa histórias em torno deles – histórias de "interesse humano" que servirão como algo que prenda a atenção. Há valor prático em tudo isso.

Acredite no que está fazendo e naqueles que estão ajudando você a fazê-lo, e você estará fadado a vencer!

– Napoleon Hill

Não ache que eu espero que você seja perfeito em seu trabalho. Nenhum de nós é. A era da infalibilidade ainda não chegou. Todos nós cometemos erros. É por isso que existe uma borracha na extremidade das lapiseiras. Mas lembre-se de que, no final deste livro, você estará mais perto da perfeição do que agora.

É bom também mencionar aqui o fato de que suas primeiras vinte lições tratarão, em grande parte, de princípios. Assim como você primeiro aprendeu os princípios da gramática e da matemática, e depois passou a aplicá-los, inicialmente você assimilará os princípios da psicologia e, em seguida, aplicará esses princípios, à medida que avançar neste livro.

Não se assuste com a palavra "psicologia"! Estou bem ciente do fato de que, por muitos anos, a maioria das pessoas olhou para a psicologia como um assunto que apenas professores de cabelos compridos poderiam desvendar. A verdade é que a psicologia, como deve ser ensinada, é o assunto mais interessante e o mais vital, inerente à grande massa de atividade comercial hoje.

O que é psicologia?

Procure a palavra em um dicionário, mas antes permita-me dar-lhe a minha concepção sobre ela. A psicologia é nada mais nada menos do que uma compreensão completa da maneira como a mente humana funciona. Entender a psicologia é entender a humanidade. Fazer a aplicação prática da psicologia é dirigir e controlar a mente humana à vontade – em especial sua própria mente!

Os princípios pelos quais a psicologia pode ser usada são comparativamente simples. Um exemplo esplêndido da aplicação prática da psicologia foi o discurso de Marco Antônio à multidão romana. Nesse discurso, por meio das palavras que Shakespeare colocou na boca de Marco Antônio, a SUGESTÃO foi um fator importante que influenciou a multidão e a levou a fazer o que ele ordenou. Não se esqueça de que a sugestão é um dos fenômenos mentais conhecidos como psicologia. A sugestão é o principal fator por meio do qual o hipnotizador trabalha. O outro fator que se encaixa com a sugestão é a CONCENTRAÇÃO. Ao longo deste livro, você encontrará aplicações muito simples, mas compreensíveis e práticas, dos princípios da SUGESTÃO e da CONCENTRAÇÃO.

Saiba que o livro que você está começando incorpora muito mais do que o domínio da vida. Por "domínio" quero dizer o estudo da vida. Antes de chegar aos detalhes, você deve assimilar os PRINCÍPIOS mais fundamentais por meio dos quais esses detalhes são organizados e utilizados.

> **NOTA DE GITOMER:** Napoleon Hill sempre mostrou a validade de questionar o quadro geral, para depois decompor os detalhes em princípios e ações.

Entre outras qualidades que pretendo desenvolver para você, por meio deste livro, estão alguns dos elementos básicos mais vitais para o sucesso e a felicidade, como: autoconfiança, coragem, fé, humildade, um bom conhecimento prático do "eu" etc. **Ninguém pode passar por este livro sem desenvolver uma personalidade muito mais positiva, agradável e vigorosa do que tinha quando o começou.** Estou apresentando essa informação logo no início para que você possa cooperar comigo de forma mais eficaz, porque assim entenderá o motivo pelo qual estou ajudando você a se empenhar.

Deixe-me explicar também que nem "religião" nem "política" entrarão no trabalho que estou fazendo neste livro. Os meus ensinamentos são baseados estritamente em fatos cuja praticidade foi experimentada e provada pelos principais filósofos e cientistas do mundo.

Explico isso para que você não cometa o erro de achar que eu permiti que qualquer um desses assuntos se infiltrasse onde não deveriam estar – caso em algum momento lhe pareça que alguns dos princípios que abordo neste livro estão intimamente relacionados a princípios semelhantes disseminados sob um credo ou outro, disfarçados de "religião".

NOTA DE GITOMER: Hill entendeu que ele estava ensinando algumas coisas das quais as religiões geralmente tratavam, mas desviou adequadamente as críticas e corajosamente declarou como secular o seu trabalho.

Observe também que a pessoa que não consegue perceber que o sucesso dela em seu campo de atuação dependerá, em grande medida, de quão bem ela apreender esse ponto de vista sobre o seu "princípio de vida" talvez pare por aqui também e interrompa a leitura deste livro. A "esperteza" e a capacidade de "passar o outro para trás" levarão qualquer pessoa que se envolva nessas táticas a uma derrota certa e rápida.

O seu salário ou o lucro da venda de seus produtos ou serviços em seu campo de atuação virá de outra pessoa. Esse é um fato que vale a pena lembrar, e no momento em que você começa a enganar seu empregador (ou seu público consumidor), tem início sua queda.

Se há uma grande ideia que devo constantemente me esforçar para desenvolver neste livro, é a de construir toda a vida sobre o fundamento da VERDADE! Sem essa base sólida, nenhuma pessoa ou empresa pode esperar ter sucesso permanente nos dias de hoje.

Não só está chegando a hora, como na verdade já chegou, em que contar uma mentira no papel, diretamente ou por insinuação, trará ao mentiroso a mesma punição e repreensão que traria se essa mesma mentira fosse contada oralmente. É suicídio pessoal e empresarial "enganar o público comprador".

Veja o grande negócio construído por Marshall Field, John Wanamaker, Sears, Roebuck & Company, Montgomery Ward & Company, Butler Brothers e outras lojas confiáveis que comercializam por correspondência: por trás do sucesso delas, você encontrará um princípio fundamental, responsável por esse sucesso. Trata-se da "PUBLICIDADE HONESTA". Essas empresas sempre praticaram o hábito de deixar os seus clientes satisfeitos. É isso que todas as empresas de sucesso devem fazer.

Mas, mesmo que você não seja do ramo de vendas por correspondência, nem esteja vendendo publicidade, esse princípio é igualmente aplicável a você. Mais ainda, é um conceito maior do que o negócio, maior do que a venda por correspondência e maior do que a publicidade. Aplica-se igualmente à vida. O conceito-chave a ser entendido e incorporado aqui é exatamente este: PRINCÍPIO DE VIDA.

CUIDADO: não avance para as próximas páginas do livro até terminar a lição que estiver estudando. A pessoa comum achará necessário ler o texto pelo menos três vezes antes de começar a viver a filosofia: a primeira vez para pegar um esboço geral dos assuntos abordados, a segunda vez com o objetivo de cruzar referências entre as perguntas e os lugares onde as respostas podem ser encontradas, e a terceira para obter um resumo final.

Algumas das ideias destinam-se a testar sua capacidade de pensar em seus próprios termos, e as respostas não serão encontradas neste livro. Quando você se deparar com uma ideia desse tipo, use o seu próprio discernimento de forma adequada.

Antes de iniciar este livro, quero que você aprecie plenamente o seguinte:

AS DESCOBERTAS QUE VOCÊ FARÁ NESTE LIVRO SERÃO NA PROPORÇÃO EXATA AO QUE INVESTIR NELE EM TERMOS DE TEMPO E DE ESFORÇO SINCERO.

Um caloroso aperto de mão por procuração

Um bate-papo escrito da parte de Napoleon Hill

Amigo, leitor e estudante de sucesso, estamos começando o que acredito que será uma jornada muito agradável e proveitosa para que você viva a sua MELHOR vida.

Vamos nos dar melhor nessa jornada se nos entendermos completamente antes de começar!

A franqueza é uma das minhas virtudes – aquela de que mais me orgulho. Acredito em colocar todas as cartas na mesa, VIRADAS PARA CIMA, no início do jogo.

Se você estivesse aqui na minha mesa, poderíamos realizar mais em meia hora, no sentido de nos familiarizarmos um com o outro, do que poderíamos trocando uma dúzia de cartas ou mais. É extremamente difícil colocar os pensamentos no papel de tal maneira que eles sejam completa e corretamente compreendidos por aqueles que os leem.

Em vista disso, peço-lhe que ignore o que acredito serem suas deficiências, e farei o mesmo com você. Se eu cometer um erro – como todas as pessoas fazem às vezes –, peço sua compreensão.

Separei algumas páginas para um "bate-papo" com você após cada lição. Eu os chamo de meu "local sagrado no jardim".

Se você se tornar uma pessoa grandiosa, será porque primeiro QUIS SE TORNAR GRANDIOSO! Se você não conseguir se tornar uma pessoa grandiosa, será porque sua força de vontade não tinha convicção.

– Napoleon Hill

Farei o meu melhor para trazer a você, em cada "bate-papo", algum pensamento novo, e enchê-lo de renovado entusiasmo, esperança, fé, alegria, caridade e autoconfiança. Farei o meu melhor para ajudá-lo a construir o lado idealista de si mesmo. Nessas páginas não haverá reclamação. Elas devem trazer apenas otimismo e pensamentos agradáveis.

Entre os nossos leitores – temos quase todas as nacionalidades –, há pessoas que pertencem a várias e diversas organizações religiosas e políticas. Não faz diferença qual é a sua religião ou posição política – eu sou seu amigo! E não deixarei de fazer nada que eu possa fazer em seu favor.

Aqui está um pensamento que eu quero que fique bem estabelecido em sua mente: não posso lhe ensinar nada a menos que você tenha fé implícita na minha capacidade e na minha sinceridade. Por meio da fé mútua podemos transpor montanhas, por assim dizer, mas sem isso não podemos trabalhar em harmonia. Devemos estar sintonizados e em harmonia uns com os outros em nosso trabalho à medida que avançamos. E a melhor maneira de fazer isso é sendo francos um com o outro.

Se alguma circunstância surgir em sua vida, à medida que você acompanha este livro, sobre a qual queira me consultar, sinta-se à vontade para me procurar, assim como faria com qualquer outro amigo próximo. Vamos nos entender um com o outro durante esta jornada! Estejamos em plena harmonia a cada passo ao longo do caminho!

Vou fazer de você uma pessoa que TERMINA TUDO O QUE COMEÇA! Este livro será muito mais do que uma mera leitura sobre a técnica de como ganhar a vida. Você verá, bem antes de chegar à vigésima terceira lição, que o livro é um construtor de PERSONALIDADE FORTE, MAGNÉTICA E VIGOROSA.

Permita-me perguntar: qual é o valor de um livro que faz isso?

Agora você tem algumas qualidades negativas, que estão entre você e o sucesso que alcançará. Talvez você saiba quais são esses pontos negativos, talvez não. Seja como for, terá menos qualidades negativas antes de terminar este livro. E terá uma personalidade muito mais agradável, além da capacidade de levar as pessoas a fazerem o que você quer pela própria vontade delas!

Ah, a vida! Como é maravilhoso estudá-la!

E o que é o estudo da vida?

Amigo, eu lhe direi o que é VIVER:

É O ESTUDO DA MENTE HUMANA – DA HUMANIDADE EM SI!

O que, permita-me perguntar, é mais interessante do que essa maravilhosa máquina que chamamos de mente humana? O que é mais desejável do que a capacidade de controlar, dirigir e dominar a mente humana – especialmente a nossa própria mente?

Uma pessoa de sucesso é aquela que pode dominar e dirigir sua própria mente e a mente dos outros. Esse é um poder maravilhoso! Então, vamos usá-lo apenas para fins legítimos e dignos.

Antes de terminar este livro, você aprenderá muitas coisas sobre a vida que provavelmente nunca imaginou que estavam ligadas a esse assunto. Aprenderá coisas a respeito da mente humana – especialmente a sua própria – sobre as quais provavelmente nunca pensou antes.

Você aprenderá a selecionar palavras que tocarão as emoções como um violinista experiente toca o seu instrumento. Saberá influenciar amigos, familiares e consumidores como o violinista influencia seus ouvintes quando move o arco pelas cordas de seu violino em harmonia com as vibrações que atingem a mente deles por intermédio de seus ouvidos.

Que habilidade maravilhosa!

Você aprenderá que pode alcançar a mente dos outros por meio dos cinco sentidos: VISÃO, OLFATO, AUDIÇÃO, TATO E PALADAR. E ao alcançar outras pessoas desse modo, você criará PENSAMENTO E AÇÃO a seu favor.

Você saberá selecionar palavras que serão mais efetivamente atrativas por meio de um ou mais desses cinco sentidos.

Parece-me que um dos grandes propósitos da vida é: SER FELIZ O TEMPO TODO E FAZER OS OUTROS FELIZES!

– Napoleon Hill

Aquele hábito de concluir

Decida logo no início que você terá de sacrificar algo para concluir este livro. Tudo o que vale a pena tem um custo. O livro que você começou, embora contenha bastante variedade e experiência humana, não é um mero "chá de comadres".

No entanto, não há nada no livro que não deva estar aqui. Muitos de vocês passaram pelo moinho das experiências difíceis e eliminaram tudo o que não é essencial. Este livro faz o mesmo. Tenha isso em mente quando se deparar com algum problema que você acredita que envolve mais trabalho do que gostaria de fazer – FAÇA-O DE BOM GRADO.

Como eu disse no início, você deve ter fé em si mesmo. Você deve acreditar em mim, fazendo exatamente o que eu digo e me responsabilizando apenas pelos resultados no final.

Aceito a responsabilidade pelo seu sucesso apenas com a condição de que você siga minhas instruções, assim como um soldado obediente deve seguir as instruções de seu oficial superior.

Não há burocracia entre mim e você. Não há formalidades ou barreiras invisíveis. A porta está sempre aberta. Eu sou seu professor e amigo, leal, fiel e solidário, pronto e disposto a compartilhar suas mágoas, bem como suas alegrias.

Estas palavras não são escritas apenas para preencher espaço! Quando você me conhecer como eu realmente sou, ficará completamente convencido desse fato. Meu coração e minha alma estão neste livro que você iniciou. Estou interessado em você e seus assuntos. Seus amigos são meus amigos. Suas alegrias são minhas alegrias, e suas tristezas são minhas tristezas.

Sempre irei me esforçar para ser uma fonte borbulhante da qual você pode extrair novas inspirações, novas esperanças, encorajamento e autoconfiança. Todos nós precisamos dessa fonte de inspiração. A primavera está bem aqui, esperando por você. Beba dessa fonte livremente, sempre que tiver sede; e nos próximos anos, se eu tiver motivos para sentir que, por intermédio dos meus esforços você se tornou um cidadão melhor e mais próspero, eu me sentirei bem recompensado por meus sinceros esforços para beneficiá-lo.

Com todos os bons votos de sucesso e felicidade, acredite em mim.

Cordialmente, seu amigo,

Napoleon Hill

CONSIDERAÇÕES DE GITOMER

Como implementar esta lição

Esta lição deve ser imediatamente lida mais uma vez para que você entenda a oportunidade que tem e os desafios que enfrentará neste livro e em sua vida. Recomendo a releitura tanto pela clareza quanto pelo propósito. Você pode ter o propósito de "ler o livro", ou se propor a fazer do livro parte da trama de sua vida. Eu recomendo a última opção. A segunda leitura esclarecerá ainda mais os seus propósitos.

Vinte anos após estes primeiros escritos de Hill, ele deu início a *Quem pensa enriquece* com a frase: "Pensamentos são coisas". Por favor, pense neste livro como o precursor e o preâmbulo para o próximo passo em sua jornada para o sucesso e a riqueza.

A persuasão é fundamental para vencer no mundo real. O seu mundo real. Hill afirma que primeiro você deve obter atenção; caso contrário, a persuasão não será possível. Parece óbvio, mas espere até ver a profundidade das palavras de Hill...

“

De que adiantaria você se tornar a pessoa mais capaz do mundo se não fosse feliz? De que adiantaria você ganhar alguma coisa neste mundo se não encontrasse também a verdadeira felicidade em seu trabalho?

– Napoleon Hill

”

Lição número

2

Termine o que você começa

***INSIGHT* DE GITOMER:** Você está pronto para começar? E está disposto a terminar? É fácil ver o que as outras pessoas não completaram. Mas é bem mais difícil quando você olha para sua própria vida. Quando você vê isso nas outras pessoas, encontra motivos que justifiquem. Quando você se vê, entra em curto-circuito dando desculpas e apontando culpados. Para terminar o que começa, você precisa converter o cinismo e a negatividade em otimismo e positividade. Garra. Determinação. E a visão para ver o resultado e dar passos diários em direção a esse objetivo, ou como Hill diria, o "objetivo principal definido".

Uma das qualidades realmente valiosas que planejamos desenvolver em você por meio deste curso é a de TERMINAR TUDO O QUE VOCÊ COMEÇA!

Talvez você já tenha essa excelente qualidade.

Se esse for o caso, parabéns! Você tem a primeira coisa essencial para o sucesso em tudo o que empreende. Depois de chegar à décima lição, um de nossos alunos escreveu:

> *"Quero dizer a você aqui e agora que recebi mil por cento do meu investimento em seu curso, porque você me fez QUERER TERMINAR AS COISAS QUE EU COMEÇO! Você tem sido tão gentil e paciente, mas tão firme e persistente comigo que eu já obtive desse curso o verdadeiro segredo para o sucesso.*
>
> *Em anexo, você encontrará meu cheque para o restante da minha mensalidade na íntegra. Estou pagando isso antecipadamente com base na teoria de que, quando eu tiver pagado a você, não deixarei que nada fique entre mim e a última lição desse grande curso. Só a décima aula vale dez vezes o que você cobra por todo o curso. Talvez você fique feliz em saber que, por meio da aplicação dos princípios estabelecidos no "bate-papo depois da aula" com a décima lição, tenho mudanças em meus negócios que me renderão mais de US$ 1 mil por ano em lucros adicionais."*

Citei essa carta porque é o tipo de carta que recebemos de homens e mulheres de todo o mundo que se "encontraram" por meio da aplicação da filosofia que é o próprio fundamento do curso que você iniciou.

Todos os princípios estabelecidos ao longo deste curso foram exaustivamente experimentados e testados em nossa sala de aula aqui em Chicago. A nossa classe serviu como parte de um laboratório humano no qual testamos minuciosamente todos os princípios que estamos transmitindo a você. Além disso, esses princípios foram derramados do cadinho da experiência real de negócios dos homens que produziram este curso, cobrindo um período de dez a trinta anos.

Comprovar a precisão desses princípios custou não apenas milhões de dólares em campanhas publicitárias e de vendas, mas também um esforço interminável e incansável por parte dos vários membros de nossa equipe.

O meu objetivo é apresentar essa filosofia da maneira mais simples possível. Também é meu objetivo tornar essas lições cativantes, preenchê-las com vida para que emitam a própria essência do bom ânimo, da coragem, da autoconfiança e do otimismo que tentamos injetar nelas. Há uma razão científica para isso, como você aprenderá antes de chegar ao meio do curso.

Se, por qualquer motivo, consciente ou inconscientemente, você permitiu que uma casca de cinismo crescesse ao seu redor, pretendemos quebrar essa casca e removê-la. Ninguém pode passar por este curso e ser infeliz ao mesmo tempo.

Parece-me que um dos grandes propósitos da vida é:

SER FELIZ O TEMPO TODO E FAZER OS OUTROS FELIZES!

Este curso foi criado com o objetivo de ensinar a arte da verdadeira felicidade.

Isso não é mero idealismo – é também bom senso!

Se você seguir estas lições com fé implícita em sua própria capacidade de assimilá-las e com uma total compreensão de que vai extrair deste curso toda a filosofia prática que qualquer pessoa precisa para obter sucesso, não terá absolutamente nenhuma dificuldade em ver os resultados imediatos e satisfatórios!

A confiança no curso e em si mesmo deve preceder todo o resto, se você espera tornar este curso lucrativo. Nem a religião nem a política estão presentes.

Trata-se de um curso de negócios e vida, destinado a preparar homens e mulheres para carreiras bem-sucedidas e felizes. Explicamos isso neste momento porque nosso método de apresentação está decididamente à frente de qualquer coisa já realizada no campo educacional.

Nós o parabenizamos por sua admissão como aluno-membro deste curso, mas VAMOS PARABENIZÁ-LO MAIS CALOROSAMENTE SE VOCÊ FICAR ATÉ O FINAL DELE E, ASSIM, PROVAR QUE TEM BOM SENSO PARA RECONHECER A OPORTUNIDADE REAL DE AUTOAPERFEIÇOAMENTO, BEM COMO A DETERMINAÇÃO DE TERMINAR TUDO O QUE VOCÊ COMEÇA!

Você verá que deixei algumas perguntas. Ao respondê-las, use SEU PRÓPRIO DISCERNIMENTO E SUAS PRÓPRIAS PALAVRAS. Não pretendemos torná-lo um estudante "maria vai com as outras". Queremos fazer de você um pensador e um bom planejador de ideias de vendas e de vida!

> *"Primeiro vem o pensamento; em seguida, a organização desse pensamento em ideias e planos; depois, a transformação desses planos em realidade. O início, como você observará, está em sua imaginação."*
>
> *– Napoleon Hill*

Termine tudo o que você começa

(um bate-papo depois da aula com o Sr. Hill)

Durante os últimos quinze anos, tive a oportunidade de estudar de perto vários magnatas dos Estados Unidos. A qualidade que mais me impressionou em todos eles foi a persistência na busca de um objetivo!

- ❖ Carnegie concentrou todas as suas energias no ramo do aço e obteve sucesso.
- ❖ Vanderlip concentrou todas as suas energias em bancos e finanças e obteve sucesso.
- ❖ Rockefeller concentrou todas as suas energias no negócio do petróleo e obteve sucesso.
- ❖ Harriman e Hill mantiveram-se consistentemente no setor ferroviário e obtiveram sucesso.
- ❖ Ford se dedicou consistentemente ao ramo automobilístico, concentrando todos os seus esforços nesse negócio, e fez disso um sucesso.
- ❖ Wanamaker concentrou-se em sua loja de departamentos e fez disso um grande sucesso.

E assim a história pode continuar *ad infinitum*. Os homens que mencionei não são os únicos que obtiveram sucesso porque primeiro decidiram o que queriam fazer e depois foram em frente e o fizeram – eles são apenas alguns dos mais proeminentes!

O grande valor de terminar tudo o que começamos é mais evidente para mim, porque ficou bastante perceptível que a maioria das dez mil pessoas que analisei não era bem-sucedida por ter a atenção dividida em muitos projetos. Elas sabiam como fazer muitas coisas, mas não tinham conhecimento suficiente de qualquer coisa em particular.

O editorial a seguir, que apareceu na revista *Every Week*, mostra que não estou sozinho em minhas recomendações para que você termine tudo o que começa se quiser ter sucesso:

EZEQUIAS ESTÁ MORTO, MAS SUA FÓRMULA AINDA É VÁLIDA: UMA COISA DE CADA VEZ.

Há um conhecido meu que, com um pouco menos de habilidade, teria feito um esplêndido sucesso. Isso soa estranho, mas os empregadores dele entenderão: terão uma imagem imediata do tipo de homem que ele é.

Em sua infância, cortava grama, como os outros meninos; além disso, cuidava de uma barraca de limonada e gerenciava uma rota de entrega de jornal. Estava sempre descobrindo um novo esquema.

Ele se formou no ensino médio e entrou nos negócios como uma grande promessa. Com menos de três meses de trabalho, já estava administrando alguns pequenos negócios privados à parte.

Assim ele continuou ao longo da vida – amaldiçoado com o infeliz dom de ser capaz de fazer três ou quatro coisas ao mesmo tempo. Com trabalho duro, ele tem uma renda muito boa hoje, extraindo-a em pequenas partes de meia dúzia de fontes.

Ele está se dando bem na vida, mas não há um único negócio do qual possa dizer: "Eu consegui". Ele diversificou tanto que não há um único ponto na vida que tenha a marca permanente de seu esforço.

Por duas vezes ele quase teve um colapso por excesso de trabalho. E quatro dos seus companheiros de brincadeira na infância – garotos que estavam satisfeitos em cortar gramados e não tentar mais nada – continuaram a progredir, cada qual em um único negócio, e, com muito menos habilidade do que ele, alcançaram um lugar mais elevado no mundo.

Lembrei-me dele ontem à noite, ao me deparar com uma referência a Lorde Mount Stephen, na nova biografia de James J. Hill.

George Stephen – que depois se tornou Lorde Mount Stephen – era filho de um carpinteiro em Duffton, Escócia. Ele trabalhou por um tempo em uma loja em Aberdeen, mas foi trazido para a América em tenra idade e tornou-se um dos fundadores do Canadá, bem como uma potência no Império Britânico.

Em 1901, visitando a Escócia, foi presenteado com a liberdade da cidade de Aberdeen. E disse o seguinte: "Qualquer sucesso que eu possa ter tido na vida deve-se em grande medida ao treinamento um tanto espartano que recebi durante meu aprendizado em Aberdeen, no qual comecei com os meus quinze anos. Por causa desse treinamento, aliado ao fato de que eu pareço ter nascido totalmente sem a capacidade de fazer mais de uma coisa de cada vez, é que estou aqui diante de vocês hoje. Eu tinha apenas poucos desejos e nenhuma distração para me afastar do trabalho em mãos. Foi incutido em mim desde os meus primeiros anos, por uma das melhores mães que já existiram, que eu devia ter como objetivo dominar completamente o trabalho por meio do qual eu ganhava a vida. E, para que assim seja, preciso concentrar todas as minhas energias no meu trabalho, seja ele qual for, excluindo qualquer outra coisa".

Com exceção da honestidade, a concentração abrange uma medida maior do que qualquer outra palavra no segredo do sucesso. Uma vez perguntei a um homem muito bem-sucedido como ele era capaz de produzir tanto e ainda ter tempo de lazer. "Eu pego apenas um papel de cada vez da minha mesa", disse ele, "e faço questão de não largar esse papel até que eu tenha resolvido o assunto de que ele trata".

Eu estava em seu escritório quando um amigo veio oferecer-lhe uma participação em um empreendimento que prometia ser muito lucrativo. Ele respondeu: "Não posso fazer isso, Jim. Eu não preciso do dinheiro, e nenhuma quantia poderia me compensar pelo incômodo e pela ineficiência de ter que carregar duas coisas em minha mente ao mesmo tempo".

"Uma coisa de cada vez" era a fórmula de Ezequias, que se recusava a perder tempo com distrações ou tentar mais de uma coisa de cada vez. E cada obra que ele começava, fazia com todo o seu coração – e prosperava.

Enquanto aqui escrevo, há uma vaga na minha organização que pagará à pessoa qualificada para isso um valor entre US$ 5 mil e US$ 10 mil por ano.

NOTA DE GITOMER: Isso seria equivalente a um valor entre US$ 70 mil e US$ 140 mil em 2018!

Chicago tem mais de 2,5 milhões de habitantes, mais de um quinquagésimo de toda a população da América, mas eu não conheço ninguém nesta cidade com a coragem de enfrentar esse trabalho com qualquer garantia razoável de cumpri-lo satisfatoriamente. No entanto, as especificações não parecem irracionais. Elas só pedem exatamente o tipo de pessoa que todas as outras empresas estão procurando.

Veja o que você acha das especificações:

1. *Quero um homem ou uma mulher que termine tudo o que ele ou ela começa, seja apontar um lápis, escrever uma carta ou algo de maior importância!*
2. *Quero alguém que faça pelo menos tudo o que lhe for dito para fazer, e que não entregue justificativas no lugar dos resultados.*

3. *Quero alguém que estenda a mão e exija grandes responsabilidades, tendo o cuidado constante de continuar crescendo e de se preparar para assumir deveres adicionais.*
4. *Quero alguém que ame tanto o trabalho que se esqueça das horas, do pagamento, da noite de sábado, de todos os seus próprios interesses egoístas, e que dedique todo o seu tempo e pensamento à tarefa de talhar um futuro a partir da oportunidade que tem em mãos.*
5. *Quero alguém que seja franco e sincero consigo mesmo e com todos que entrarem em contato com ele, e que seja um exemplo vivo de nosso slogan, "Viver honestamente".*
6. *Quero uma pessoa que não espere que eu ou qualquer outro funcionário lhe diga o que fazer, mas que aprenda a ver o que precisa ser feito e a fazê-lo.*
7. *Quero uma pessoa que seja grande o suficiente para ignorar os pequenos insultos que as pessoas imprudentes lançam, muitas vezes sem querer, e que possa ver algo de bom em cada ser humano. Alguém que se esforçará honestamente para desenvolver o bem que há em cada pessoa com quem ela interagir.*
8. *Quero uma pessoa que acredite de coração e alma em tudo o que faz ligado à sua posição, uma pessoa que jamais represente mal o Instituto, seja por declaração direta ou por insinuação.*
9. *Quero uma pessoa que atenda o público com um sorriso no rosto – um sorriso que venha do coração. Quero que ela aperte a mão das pessoas com espontaneidade.*
10. *Quero uma pessoa que não tenha ciúmes de seus colegas de trabalho nem medo de que um deles consiga sua posição; uma pessoa que ajude todos ao seu redor a serem mais eficientes; uma pessoa que seja feliz e entusiasmada.*
11. *Quero uma pessoa que realmente ame servir ao próximo e considere a oportunidade de fazer isso como um agradável privilégio.*
12. *Quero uma pessoa que seja observadora – que veja tudo o que se passa ao seu redor – e possa distinguir as questões importantes das sem importância*

de sua rotina diária, priorizando e classificando as primeiras e deixando de lado as demais.

13. *Quero uma pessoa que saiba ou tenha tempo para aprender a comer corretamente, uma pessoa que não se incapacite e se torne um "rabugento" comilão, como 75% das pessoas de hoje estão fazendo.*

14. *Quero uma pessoa que não se deixe irritar por alguém mal-educado que não tenha aprendido a arte do autocontrole.*

15. *Quero uma pessoa que acredite que deva ser paga na proporção exata do que ela produz para o negócio, sejam US$ 1 mil ou US$ 100 mil por ano, e que fique satisfeita com isso.*

Essas são as especificações. Se você puder preenchê-las, a vaga é sua. Ou, se ela já tiver sido preenchida quando você se inscrever, não se preocupe, porque tenho uma dúzia ou mais de amigos entre os empresários de Chicago que me agradecerão eternamente por recomendá-lo a eles.

Observe, em especial, o que afirmei como o primeiro requisito! Eu afirmei isso no início porque é o mais importante.

Eis aqui uma declaração muito surpreendente. O Instituto George Washington o preparará para preencher essa vaga, ou uma tão boa quanto ou melhor. Não me entenda mal ao dizer que isso será feito, mas não sem um SE, que é o seguinte:

SE você seguir as instruções fielmente até que tenha entregado todas as tarefas da lição e passado no exame final.

Na décima lição, temos uma surpresa para você. Nessa lição, vamos dizer-lhe exatamente como se preparar para essa vaga. Essa lição trará uma mensagem da qual você nunca se esquecerá. Não é uma pregação, mas um princípio científico, testado e comprovado que colocará você acima dessa grande massa de humanidade que está apenas se arrastando, mal existindo.

“

Para ser feliz e próspero, você deve cultivar a autoconfiança, o entusiasmo, o amor pela humanidade e a capacidade de se dedicar a tudo o que você começa até que tenha terminado!

– *Napoleon Hill*

”

Não faça nenhuma pergunta sobre essa lição até chegar a ela, pois isso não lhe servirá de nada. A única maneira de abrir a porta para o segredo dessa lição é trabalhar para isso, assimilando as lições anteriores a ela.

O grande valor deste curso, como verá à medida que prosseguir, é que ele exige que você APRENDA FAZENDO! Por outro lado, você estará constantemente ciente do fato de que cada lição lhe trará algo que você vai gostar de fazer – algo que decididamente vale a pena fazer!

E, para encerrar, devo afirmar novamente que este curso é muito mais do que um ensino de técnica e dinâmica de aprendizagem! Ele é tudo isso, é claro, mas vai muito além.

O objetivo deste curso e do Instituto George Washington é ajudar homens e mulheres a serem prósperos e FELIZES! Para ser feliz e próspero, você deve cultivar a autoconfiança, o entusiasmo, o amor pela humanidade e a capacidade de se dedicar a tudo o que você começa até que tenha terminado!

Na quinta lição, você aprenderá sobre o desenvolvimento dessas qualidades, em especial a autoconfiança.

Muito antes de chegar ao meio deste curso, você verá uma mudança notável em sua atitude mental e ficará muito feliz por ter se juntado a nós.

Se você tem o hábito de não terminar as coisas que começa, pode seguir o caminho certo e superar essa maldição da humanidade, fazendo um bom trabalho ao terminar este curso.

Assim, você terá realizado algo que valerá por todo o tempo e dinheiro empregado neste curso.

À sua disposição para ajudá-lo a terminar tudo o que você começa,

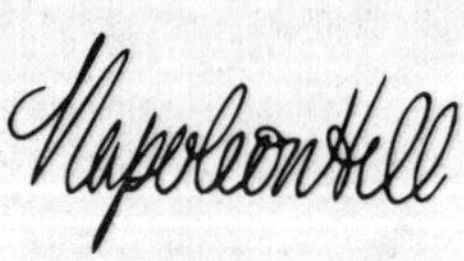

Napoleon Hill

CONSIDERAÇÕES DE GITOMER

Como implementar esta lição

Bem, pelo menos você terminou esta lição. E acho que está começando a ter uma ideia de que cada lição com certeza representa em si uma oportunidade e um desafio para tomar novas atitudes, melhores e mais bem-sucedidas. Tenha em mente que nenhuma lição isolada neste livro fornecerá "A RESPOSTA", mas, combinadas, elas apresentam as respostas de sucesso que todos estão procurando, incluindo você. A questão é: você está disposto a COMEÇAR E TERMINAR? Este é um livro que requer pouco ou nenhum investimento a não ser o de si mesmo. Não há nada para comprar, não é preciso manter um inventário, além do investimento que você faz em si mesmo e do inventário das ideias e ações de sucesso que estão em seu cérebro. Chegou a hora de ter sucesso, mas para isso é preciso terminar o que começa.

Chegou a hora de ter sucesso, mas para isso é preciso terminar o que começa.

– *Jeffrey Gitomer*

Lição número

3

Como pensar

***INSIGHT* DE GITOMER:** Hill aborda uma tarefa quase impossível ao desafiá-lo a refletir sobre a maneira como você pensa. Quais são os elementos que entram no seu processo de desenvolvimento do pensamento? Como você pensa produtivamente? Esta é uma lição perspicaz e fundamental sobre a realidade da reflexão e do pensamento. Ela revela estratégias e capacidades que você pode já ter, mas nunca descobriu ou manifestou.

É totalmente condizente que discutamos esse assunto neste momento, porque isso o introduzirá neste curso com uma poderosa vantagem, que não só garantirá que você obtenha mais do curso, mas também o ajudará a tirar mais proveito da vida daqui em diante.

O pensamento é o começo de toda a riqueza e de todas as coisas mecânicas ou físicas criadas pelo homem!

– *Napoleon Hill*

A CAUSA DAS MISÉRIAS DA VIDA

Noventa por cento das misérias e dos fracassos da vida são causados pela nossa falta de compreensão dos princípios comparativamente simples por meio dos quais pensamos com precisão. A principal razão pela qual 95% das pessoas estão trabalhando para os outros 5% é que 95% não sabem como pensar.

A riqueza do mundo é tão desigualmente distribuída porque as massas não sabem como pensar, enquanto as classes mais altas sabem!

Os princípios inerentes ao pensamento preciso são tão definidos e bem compreendidos pelos homens da ciência quanto os princípios da matemática.

DEFINIÇÃO DE PENSAMENTO

Antes de prosseguirmos, vamos definir o pensamento, não necessariamente como os dicionários fazem, mas à nossa própria maneira simples.

Em primeiro lugar, o pensamento é o começo de toda a riqueza e de todas as coisas mecânicas ou físicas criadas pelo homem!

Fixe isso de modo claro em sua mente para que possamos ter um consenso sobre como iremos raciocinar a respeito desta questão, a maior de todas: "como pensar".

A primeira coisa que você faz antes mesmo de começar a planejar um anúncio, quanto mais escrevê-lo, é pensar sobre o que você vai fazer e como vai proceder. Se não há pensamento, não há ação corporal.

Estamos de acordo?

Sim, então vamos dar um passo adiante e ver se podemos concordar que o sucesso depende da precisão com que o pensamento é dedicado a ele. Se você pensar com precisão e se nada além de fatos for incluído nesse pensamento, você achará relativamente fácil classificar e organizar esses fatos. É claro que essa mesma lógica se aplica a qualquer outra coisa que você possa empreender.

O ASSUNTO SOBRE O QUAL PENSAR

A primeira coisa a ser considerada quando você começa a pensar é o assunto ou o objeto do seu pensamento. Pode ser o planejamento de uma campanha publicitária a ser realizada nos principais meios de comunicação envolvendo uma verba de US$ 100 mil, ou uma proposta de venda ou uma carta de cobrança, ou o planejamento de uma simples festa. Não há como ter pensamento sem um assunto sobre o qual pensar.

Andrew Carnegie selecionou o tema da fabricação de aço e, aplicando os mesmos princípios que explicaremos a você nesta lição, construiu a maior indústria siderúrgica do mundo e, consequentemente, obteve todo o sucesso, medido em dólares, que qualquer homem poderia desejar.

Rockefeller selecionou, para pensar, o tema do petróleo e, pela aplicação dos mesmos princípios, estabeleceu o maior negócio de refino de petróleo do mundo e tornou-se um multimilionário.

James J. Hill selecionou, para pensar, o tema da construção de ferrovias e, pela aplicação dos mesmos princípios, tornou-se o maior construtor de ferrovias do mundo; embora só tenha iniciado esse processo de pensamento depois dos 38 anos de idade.

Orville e Wilbur Wright selecionaram, para pensar, o tema dos aviões, e assim dominaram o ar e se tornaram ricos.

Alexander Graham Bell selecionou, para pensar, o telefone. E agora podemos falar com clareza de Nova York a São Francisco.

Marconi foi um passo além e selecionou, para pensar, o tema da telegrafia sem fio. E agora podemos nos comunicar com navios no meio do oceano ou de costa a costa através do oceano sem o uso de fios.

O poder de concentração pressupõe a capacidade de terminar tudo o que você começa – de se dedicar a tudo o que você empreende com uma persistência implacável que não conhece derrota!

– Napoleon Hill

O início de todos esses sucessos foi o pensamento – o pensamento científico e preciso! Além disso, o processo pelo qual esses homens pensaram cientificamente e com precisão foi exatamente o mesmo em todos os casos. O mesmo material entrou nesse pensamento em todos os casos, e os princípios inerentes a ele eram exatamente os mesmos que descreveremos para seu benefício nesta lição.

A diferença entre o trabalho realizado e os resultados obtidos pelos homens que acabamos de mencionar e o trabalho que agora está sendo feito por você e por mim refere-se basicamente aos assuntos selecionados e à maneira como pensamos. É bem provável que você e eu possamos ser tão bem-sucedidos quanto qualquer um desses homens se selecionarmos o assunto certo e se pensarmos com a mesma precisão com que esses homens fizeram.

Esses dois "se" definem toda a história!

O propósito desta lição não é dizer ou mesmo sugerir qual assunto você deve selecionar para pensar, mas sim mostrar-lhe "como pensar de forma científica e precisa" sobre todos os assuntos, sejam eles de menor ou maior importância em relação à sua vocação ou ao trabalho de sua vida.

CONCENTRAÇÃO

Depois de escolher um assunto para o qual você deseja direcionar seu pensamento com precisão, o próximo princípio que você deve utilizar é a concentração. Não abordaremos aqui uma explicação científica completa sobre a concentração, pois esse assunto será minuciosamente explicado nas lições subsequentes, no momento apropriado. O nosso propósito agora é falar disso muito brevemente como um dos elementos essenciais empregados no pensamento preciso. A concentração é a grande estrada, por assim dizer, sobre a qual você deve transportar os outros princípios que entram no pensamento preciso. É o cano do rifle que canaliza a força de todos os outros princípios e os direciona para o centro do alvo, que é o objeto do seu pensamento.

Você nunca se tornará um pensador preciso até aprender a concentrar as forças de sua mente e direcioná-las a um assunto até que ele tenha sido assimilado.

O poder de concentração pressupõe a capacidade de terminar tudo o que você começa – de se ater a tudo o que você empreende com uma persistência implacável que não conhece derrota!

Concentração significa a capacidade de direcionar sua mente para uma tarefa até que ela seja concluída; você pode se concentrar em apontar um lápis tanto quanto em se tornar um grande construtor de ferrovias ou refinador de petróleo. O princípio em cada caso é precisamente o mesmo.

Devo adverti-lo, no entanto, que a menos que você crie o hábito da concentração persistente nas pequenas coisas rotineiras, é muito pouco provável que aprenda a se concentrar nas coisas maiores. A medida utilizada por você para praticar o hábito de se concentrar nas suas tarefas rotineiras diárias provavelmente lhe dará uma estimativa exata de sua capacidade de se concentrar nas coisas maiores.

A escrita é uma das maiores ajudas na aquisição do hábito da concentração, bem como no aprendizado de organização e classificação de fatos. O pensamento que acompanha a escrita é muito mais próximo da transformação do estado mental para o físico. O arquiteto primeiro pensa, depois transfere seu "pensamento" para uma planta e, a partir da planta, o empreiteiro e o construtor compram os materiais e constroem o objeto físico dos pensamentos do arquiteto, que chamamos de "casa".

Escrever nossos pensamentos, essa ação física, não apenas ajuda na concentração, mas também contribui para darmos o primeiro passo em direção à materialização do pensamento em realidade. O pensamento sem ação persistente e concentrada seria inútil.

Ao classificar seus fatos, o mais importante é diferenciar fatos "relevantes" e "irrelevantes", retendo os primeiros e descartando os segundos.

O seu subconsciente constrói uma imagem mental a partir do material que você permite chegar até ele.

O seu subconsciente pode ser comparado a uma placa de cera. Recebe e registra tudo o que você permite chegar até ele por meio dos seus cinco sentidos. Aceita informações tão prontamente quanto aceita fatos. Tenha isso em mente em conexão com o seguinte parágrafo em destaque.

O pensamento que você permite que chegue à sua mente, seja na natureza dos fatos ou da mera informação, tende a se reproduzir na ação física.

"A sua mente funciona com o pensamento do material que você fornece a ela. Ela não faz nenhum esforço para diferenciar. O que entra em sua mente por meio dos seus cinco sentidos, e fica registrado, certamente será manifestado na ação física e muscular de seu corpo."

– Napoleon Hill

Se você quer que sua mente funcione com precisão e eficácia, promova então esse resultado ao se assegurar de que nada além de fatos chegue até ela.

Pensamento sem ação persistente e concentrada seria inútil.

– Napoleon Hill

O que fazer e como fazer!

(Um bate-papo depois da aula com o Sr. Hill)

Meu amigo, você começou este curso e vai completá-lo, principalmente porque quer se tornar um mestre e, assim, ganhar todo o dinheiro de que precisa para suas necessidades mundanas; no entanto, de longe o fato permanente maior e mais estupendo que você obterá deste curso é uma compreensão clara do princípio que acabei de declarar!

Quando você tiver claramente estabelecido em sua mente que tudo o que é físico ou mecânico criado pela humanidade deve primeiro ser criado em pensamento, estará poderosamente próximo da fonte real, a verdadeira causa de todo o poder de que você precisa para realizar qualquer coisa que desejar.

Tenho tanta certeza de que estou guiando você na direção certa que, se eu tivesse dinheiro para isso, escreveria esse princípio para você em letras de meio metro de altura, em uma folha de ouro puro, para que pudesse causar maior impressão. Estou fazendo a segunda melhor coisa que posso ao explicar esse princípio ao longo deste curso e, dessa forma, apresentando-o de todos os ângulos possíveis para que você tenha certeza disso.

Se quiser ver alguns dos resultados e os destroços do nosso inadequado sistema de ensino público, dê uma olhada em qualquer prisão. Não existe essa coisa de "criminoso nato". As pessoas se tornam criminosas por ignorância e falta de compreensão do princípio que afirmei.

Deixe uma criança aprender – quando entrar no jardim de infância e na escola primária – que suas atitudes serão uma duplicata exata dos pensamentos que ela mantém em sua mente. Então, ensine-a a selecionar e manter em mente a história correta do material de pensamento, entre quatro e vinte anos de idade, e você poderá abolir os reformatórios e as prisões no que diz respeito a essa criança.

É uma vergonha eterna para a humanidade que tenhamos deixado seitas e instituições denominacionais – como a Ciência Cristã, as organizações do Novo Pensamento e algumas outras de natureza semelhante – encurralarem o mercado do conhecimento e ensinarem os princípios científicos da mente que estão igualmente disponíveis para todos nós – princípios que devem ser ensinados antes de crescermos na ignorância e desenvolvermos traços de desonestidade, falta de autoconfiança, cinismo, ódio, vingança, ceticismo, medo e outras maldições que nos separam de uma vida plena e feliz! Uma acusação eterna contra o nosso sistema de ensino público é que o trabalho que está sendo realizado pelo Instituto George Washington não seja feito nas escolas públicas, onde a humanidade pode se apossar dele mais cedo.

Esse grande princípio da mente humana que foi plantado pela Mão Divina, lá em nosso nascimento, para nosso uso e desfrute, deve ser despojado do "ocultismo" e do "mistério" nos quais muitas vezes está envolto. Ele deve ser tão bem compreendido quanto os princípios da aritmética e da gramática, pois sem ele um conhecimento desses pode servir apenas ao propósito de tornar o indivíduo um criminoso mais hábil.

Dê aos jovens uma igual chance de sucesso quando eles deixarem a escola, enviando-os com um conhecimento razoável sobre a influência mais poderosa que têm – sua própria mente –, e você logo verá a riqueza do mundo se distribuir tão uniformemente que não será possível para alguns de nós morrer de fome em meio à fartura, enquanto outros se deleitam com a abundância.

Esse princípio não é o socialismo – é mais profundo e mais fundamental do que o socialismo, porque se o princípio que afirmei fosse ensinado nas escolas públicas e compreendido por todos, tornaria o socialismo desnecessário! Em vez de dividir a riqueza do mundo, distribua a inteligência por meio da qual a riqueza é criada (observe que eu disse criada, não adquirida), e ela permanecerá distribuída! Dividir a riqueza do mundo não faria bem sem esse conhecimento, porque logo estaria de volta às mãos dos poucos que agora a detêm – os poucos que agora compreendem esse princípio.

Você amadureceu e, acredito sinceramente, adquiriu as qualidades de confiabilidade e autoconfiança. Se não tiver feito isso ainda, você o fará ao completar este curso. Os princípios que estamos ensinando o ajudarão a ter sucesso e obter o que quiser ou precisar neste mundo; mas pense no tempo perdido por não compreender e fazer uso deles nos anos passados. Agora, pelo eterno, com sua ajuda, seus filhos terão uma compreensão completa destas leis, as maiores da Natureza, antes de serem enviados ao mundo para aprendê-las fortuitamente. Pense na grande vantagem que você pode dar aos seus filhos dessa maneira.

Cordialmente, seu amigo,

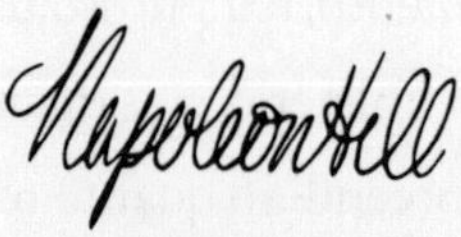

Napoleon Hill
80 East Randolph St.
Chicago, EUA

CONSIDERAÇÕES DE GITOMER
Como implementar esta lição

Hill começa *Quem pensa enriquece* com a declaração atemporal: "Pensamentos são coisas". Isso é uma visão da importância que o pensamento desempenha em sua vida e na minha. Hill explica que o tempo, o foco e a concentração são os termômetros do seu processo de pensamento. A questão é: quanto "tempo de pensamento" você está se permitindo? A maioria das pessoas não se permite o suficiente. Veja o que fazer: todos os dias, reserve dez minutos matinais para reflexão e documente sua jornada. No final de um ano, você terá dedicado mais de sessenta horas completas ao tempo de pensamento pessoal. Aposto que há uma ideia proveitosa, ou mais, lá em algum lugar.

Lição número

4

Imaginação

INSIGHT DE GITOMER: Alguma vez você teve uma ótima ideia? Já sonhou acordado? Claro que sim. Esta lição fornece informações perspicazes sobre COMO e POR QUE as ideias e a criatividade acontecem. O *insight* contido aqui lhe dará incentivo e inspiração para começar a gerar ideias de autoaperfeiçoamento e ideias geradoras de dinheiro. Imagine que…

Nesta lição, estamos abordando um dos assuntos mais importantes incluídos nos fundamentos da vida e do sucesso – a imaginação.

A imaginação é considerada por nós como o assunto mais importante ligado à sua educação.

A imaginação fértil é uma das qualificações mais úteis do homem; quanto mais ele tiver, melhor. Assim como o Dr. Hess diz: "O homem com imaginação é aquele que tem visões de um mundo vindouro e cuja influência repovoa e constrói de novo a Terra".

Absorva completamente essa afirmação! Estude profundamente, reflita e perceba plenamente o que essa frase significa! Dê a mesma atenção aos outros pensamentos valiosos apresentados pelo Dr. Hess nesta lição; domine-os! Então você saberá a importância da imaginação para o seu sucesso.

É impossível que qualquer aluno esgote esse assunto. E sem um conhecimento completo dos princípios da imaginação e de sua aplicação ao trabalho, você não pode ter a base firme nos fundamentos de que precisa para uma educação completa.

Os grandes lugares, em todas as esferas da vida, vão para os homens de ideias, que são capazes de pensar construtivamente; e desde sempre os grandes pensadores têm sido os homens cultos – os homens que lucraram com o estudo e a experiência daqueles que os precederam.

Para ser bem-sucedido, você deve ser capaz de planejar e pensar, e o objetivo e a ambição de seus instrutores é ensinar-lhe isto acima de tudo: planejar e pensar.

Eu quero que você se torne o arquiteto que concebe a estrutura no coração e no cérebro e, em seguida, coloca uma imagem dela no papel. Eu não quero que você se torne o pedreiro, o homem que executa os planos do arquiteto. A razão para isso é óbvia: o arquiteto, o homem que planeja, provavelmente ganha US$ 10 mil por ano, enquanto o homem que executa o plano geralmente recebe cerca de US$ 5 por dia no máximo.

NOTA DE GITOMER: Tenha em mente que esses são valores de 1917 – US$ 10 mil em valores atuais seriam aproximadamente US$ 150 mil, e US$ 5 por dia naquela época corresponde a cerca de US$ 80 hoje.

Você pode ser rico, mas isso não é SUCESSO! Você pode ter uma educação esplêndida, mas isso também não é sucesso! Você pode ter pais ricos, mas isso também não é SUCESSO, pois você deve se lembrar de que a riqueza, medida em valores financeiros, é uma coisa efêmera que às vezes cria asas e voa para longe. O único SUCESSO real, permanente e que vale a pena é representado pelo caráter que você está construindo.

– Napoleon Hill

Você aposta que é preciso ter energia e imaginação para fazer algo excepcional, e o homem que hesita por causa da falta de autoconfiança, para colocar em ação uma situação de vendas ou uma campanha, porque o plano não é novo e original, pode muito bem desistir antes de começar.

OBTENHA MAIS INFORMAÇÕES AGORA: De acordo com Hill, "a imaginação do anunciante" é de vital importância e deve ser lida e estudada uma dúzia de vezes. Isso foi extraído de um livro chamado *Productive Advertising* (Publicidade produtiva), escrito em 1915 por Herbert Hess.

Para que você possa apreciar mais plenamente o valor da imaginação, leia o seguinte editorial, escrito por Bruce Barton, que aparece na revista *Every Week.* Trata-se de um editorial que nenhum estudante da vida e do sucesso pode se dar ao luxo de perder. No entanto, não se contente em ler esse material apenas uma vez. Releia-o repetidas vezes até que você tenha assimilado completamente o grande pensamento por trás dele. Aqui está:

"Alguns pobres tolos cegos nunca viram um milagre."

(Nota: O autor não está fazendo uma referência à cegueira física.)

Eis uma distinção importante que muitas pessoas ignoram:

Deus fez O mundo;
mas Ele não faz o SEU mundo.

Ele fornece as matérias-primas, e a partir delas cada homem seleciona o que quer e constrói um mundo individual para si mesmo.

O tolo olha para a riqueza de material fornecido e seleciona alguns pratos de presunto e ovos, alguns pares de calças, algumas notas de dólar – e fica satisfeito.

O homem sábio constrói seu mundo a partir de pores do sol maravilhosos, e experiências emocionantes, e da canção das estrelas, e de romance e milagres.

Nada de maravilhoso acontece na vida do tolo.

"Uma prímula à beira do rio. Uma prímula amarela é o que ela era para ele, e nada mais"; uma luz elétrica é simplesmente uma luz elétrica; um telefone é apenas um telefone – nada de incomum.

Mas o homem sábio nunca deixa de se perguntar como uma minúscula partícula de semente, aparentemente morta e enterrada, pode produzir uma flor amarela tão bela.

Ele nunca pega o telefone ou liga uma luz elétrica sem certo sentimento de admiração.

E ele pensa que milagre isso é, esse aproveitamento da eletricidade a serviço do homem!

Quem, a menos que seu senso de admiração tenha se embotado devido à constante exposição, acreditaria nisso?

O Sol, o centro do nosso Universo, põe-se no horizonte ocidental. Eu toco em um botão e pronto! Liguei novamente, e a sala está mais uma vez inundada de luz.

O trovão que os homens uma vez chamaram de "a voz de Deus" lança suas poderosas ondas sonoras, e o som percorre apenas algumas dezenas de quilômetros. Mas eu – partícula insignificante sobre a face da Terra – levanto um pequeno instrumento e eis que meu sussurro é ouvido a mil milhas de distância.

Prometeu roubou o fogo dos deuses e o trouxe para a Terra. E por esse crime os deuses o acorrentaram a uma rocha solitária e enviaram um enorme pássaro para arrancar suas entranhas. Todas as noites a ferida cicatrizava, e a cada dia ela era rasgada novamente.

Esse foi o castigo do homem que ousou arrancar o tesouro mais rico dos deuses.

Mas o fogo – o tesouro dos deuses – quase não é visto em nossa vida cotidiana, nós o desprezamos.

Queremos calor? Apertamos um botão e eis que o calor invisível, silencioso, onipresente, flui para nossas casas através de um fio de cobre.

Precisamos de energia elétrica? Temos apenas que pressionar outro interruptor, e os gigantes vêm até nós pela mesma estrada esbelta. Vestidos com invencíveis trajes, eles limpam nossas casas, lavam nossas roupas, acionam nossos automóveis – fazem tudo o que uma vez sobrecarregou a força dos homens e apressou nas mulheres a velhice.

Não deixe que sua vida se torne um assunto prosaico. Não deixe que a familiaridade com as maravilhas em torno de você gere banalidade e desprezo.

Que o tolo construa seu mundo a partir de mera comida, bebida e vestimenta! Molde o seu mundo a partir de experiências maravilhosas, mobílie-o e decore-o com milagres!

Exercite sua mente na atividade sadia do espanto, treine sua alma para o temor reverente.

Se você houvesse estado com Moisés à beira do Mar Vermelho, e o tivesse visto dividido para deixar passar os filhos de Israel, não teria tido dificuldade em reconhecer isso como um milagre.

Mas todas as noites, quando o sol se põe, um homem fica em uma usina em sua cidade e liga um interruptor, e instantaneamente a cidade e o país por quilômetros ao redor são inundados com o sol.

E você diz a si mesmo, casualmente: "Oh, eu vejo que as luzes estão acesas!".

– Bruce Barton, editor.

NOTA DE GITOMER: O autor está dizendo que se as coisas são menosprezadas e presumimos que elas estão ali para o nosso desfrute, então a imaginação e sua irmã, a criatividade, serão sufocadas. Dê uma olhada nos exemplos do calor e da eletricidade – eles eram NOVOS! Obviamente, a sociedade e a tecnologia deram vários saltos quânticos, MAS este é um desafio individual para VOCÊ. Onde está a SUA imaginação e a SUA criatividade? Como você está descobrindo isso e usando para benefício pessoal e universal? Ou você ainda está (cem anos depois) apenas acendendo as luzes?

A carta a seguir, escrita pelo Sr. Hill, apresenta outro exemplo concreto do uso da imaginação:

QUERIDO AMIGO,

Voltei para uma visita à antiga fazenda no verão passado. Foi a primeira vez que estive lá em vinte anos.

Você ficaria surpreso em saber como as coisas mudaram. O antigo poço em que nadávamos, que costumava ser tão profundo que parecia não ter fundo, estava cheio de areia. As árvores cresceram ao redor das margens, e o velho rio não se parecia como há vinte anos, quando eu estava aprendendo a nadar segurando uma tábua.

A antiga fazenda mostrava sinais de dias melhores, e a antiga casa estava gasta pelo tempo e dilapidada. Ninguém me conhecia. Os companheiros dos meus dias de infância haviam crescido e se mudado. Novos rostos e pessoas estranhas me olharam com desconfiança. Os cães latiam para mim.

Pela primeira vez na minha vida, eu me senti como um viajante do tempo. Que sentimento de desamparo é esse! Eu não posso descrevê-lo. Você teria que se sentir assim para entendê-lo.

O pequeno cedro, que plantei há 25 anos, havia crescido e se tornado a maior árvore do lugar. Era um pequeno raminho de galhos com não mais do que uns trinta centímetros de altura quando eu o plantei.

Encontrei um menino que trazia as vacas do pasto para casa. Ele tinha uma vara de pesca no ombro. O seu rosto estava manchado de amoras. As suas calças chegavam aos tornozelos e eram dois tamanhos acima do ideal. Havia um grande remendo nas nádegas e um em cada joelho. Um suspensório as segurava. A extremidade dianteira desse suspensório estava presa a um pino de madeira em vez de um botão. Ele estava descalço. Ele sorriu para mim timidamente. Eu sabia de onde vinha aquele rosto manchado de amoras, pois eu mesmo havia entrado na plantação de amoras de Sid Well muitas vezes. Mas eu amei a aparência daquele menino queimado de sol. Ele parecia exatamente comigo há cerca de vinte anos. Paramos e nos olhamos. Não dissemos nada, mas nos entendemos. Ele podia dizer pela expressão no meu rosto que eu era como ele.

A única pessoa que encontrei e me reconheceu foi a menina de quem eu gostava. Nós costumávamos ir para a escola juntos quando eu usava bermudas, e ela usava vestidos até os joelhos e chapéus de sol. Ela estava casada. Quatro rostinhos sujos espreitavam por trás de sua saia e me olhavam desconfiados. Peguei meu relógio e mostrei a ela a foto de minha esposa e de meus dois meninos. Tivemos uma conversa agradável. O marido dela veio dos campos de colheita. Ele era um jovem robusto, mas não pareceu gostar muito de mim. Eu tinha minhas suspeitas do porquê.

Parei na velha fonte de enxofre para beber água. Enquanto levantava o copo de cabaça até os lábios ressecados, pensei naqueles bons velhos momentos de muito tempo atrás, quando eu carregava água daquela mesma velha fonte em um balde de lata. Sentei-me na mureta de rocha que protege a fonte das águas superficiais e tive uma visita agradável de meia hora nos reinos do passado. Foi como um sonho. Tudo voltou para mim tão vividamente, tão real. O forte cheiro de água sulfurada, as pontas de pinheiro descendo da nascente e o cheiro do feno recém-cortado do prado próximo levaram-me de volta aos dias da minha infância.

Passo a passo eu refiz o meu passado. Naquela curta meia hora, eu vivi tudo de novo. O meu primeiro pensamento foi sobre a minha mãe, que morreu quando eu tinha nove anos de idade. Depois, vieram todas as lembranças de coisas que eram desagradáveis – de uma batalha pela existência que tem sido disputada em cada parada, uma batalha que começou no dia em que fui privado de minha casa.

Então vieram as lembranças desagradáveis e fantasmagóricas daqueles longos dias e noites que se seguiram que passei no deserto, sem um teto sobre minha cabeça, sem casa, sem amigos.

Depois vieram as lembranças do meu primeiro emprego, cortando picão com uma enxada de pescoço de ganso em troca de comida. Então meu novo emprego em uma mina de carvão a US$ 1 por dia. Meu Deus! Isso era muito dinheiro – um dólar inteiro por um dia de trabalho!

Em seguida, lembranças mais agradáveis me levaram às minhas experiências posteriores, desde o dia em que consegui meu primeiro emprego como estenógrafo até o dia em que me formei em Direito. Depois vieram lembranças ainda mais agradáveis, do dia em que me tornei assistente do diretor jurídico de uma das maiores empresas do mundo, com um salário de US$ 2,5 mil por ano – a mesma empresa que possuía a mina de carvão onde trabalhei a US$ 1 por dia. Outra mudança nas memórias do passado me levou ao dia em que me tornei gerente de publicidade de uma das maiores instituições desse tipo no mundo, com um salário de US$ 5 mil por ano.

Fiquei assustado como se estivesse saindo de um transe. Foi como reviver os últimos vinte anos. Uma transpiração fria estava na minha testa. As alegrias e tristezas do passado haviam me assolado novamente, tão realistas como quando eu as experimentei pela primeira vez.

Visitei a pequena escola branca no topo da colina, a dois quilômetros de distância, onde comecei a estudar. A mesma antiga escola, com os mesmos bancos antigos, que estavam bem ali, todos esculpidos e marcados com iniciais, assim como vinte anos atrás. Eu brinquei com as crianças da escola ao meio-dia. Jogamos uma partida de beisebol e tivemos até um banco de reservas. Então o sinal da escola tocou. A professora era uma menina que não havia nascido quando morei naquela região. Ela me deixou "ensinar" por meia hora. Foi um momento inesquecível para mim, bem como para os meninos e as meninas.

Misturamos alegria com melodia. Compartilhei algumas histórias engraçadas, e então acabei contando-lhes sobre o dia em que deixei aquele lugar e sobre algumas das minhas experiências desde então. Eu vi um bom número de pálpebras umedecidas na sala. Não tenho tanta certeza de que meus próprios olhos estavam exatamente secos.

Escrevi algumas linhas de "taquigrafia" no quadro negro. Nenhum deles tinha ouvido falar de taquigrafia. Nenhum deles havia pensado muito sobre o que iria fazer para ganhar a vida. Alguns tinham idade suficiente para começar a pensar seriamente sobre isso também.

Coitadinhos! A princípio eu mal sabia se deveria ter pena deles ou parabenizá-los, mas, depois que voltei para a cidade e comecei a pensar sobre isso, cheguei à conclusão de que deveria ter pena deles por terem sido colocados em um ambiente como aquele.

Um pouco de adversidade é bom para nós! O homem de quem realmente devemos ter pena é o sujeito que nasce em um "berço de ouro", com um pai rico e sem responsabilidades! É quase certo que tal homem nunca será um concorrente muito forte do sujeito que teve que lutar duro por cada palmo de chão avançado no progresso de sua vida.

Não é a riqueza que faz um homem – é caráter, persistência e uma forte determinação de estar a serviço do mundo! Não se esqueça desta palavra: S-E-R-V-I-Ç-O! Se você tiver sucesso na vida, pode ter certeza de que o seu verdadeiro sucesso será medido e determinado pela QUANTIDADE e pela QUALIDADE do SERVIÇO que você presta.

Você pode ser rico, mas isso não é SUCESSO! Você pode ter uma educação esplêndida, mas isso também não é sucesso! Você pode ter pais ricos, mas isso também não é SUCESSO, pois você deve se lembrar de que a riqueza, medida em valores financeiros, é uma coisa efêmera que às vezes cria asas e voa para longe. O único SUCESSO real, permanente e que vale a pena, é representado pelo caráter que você está construindo.

NOTA DE GITOMER: Reserve um momento para pensar sobre o seu caráter e como ele é importante para o seu sucesso. Faça uma autoavaliação realista e escreva áreas para melhorias, bem como os elementos que você acredita serem excelentes. Faça um plano definido para melhorar e fortalecer seu caráter.

E lembre-se de que, quer saiba ou não, você está construindo algum tipo de caráter o tempo todo. Há grandes chances de que – se você está dedicando parte do seu tempo ao autoaperfeiçoamento com a leitura do tipo certo de livros – esteja construindo um caráter que será um trunfo para você nos próximos anos. Por outro lado, se você estiver desperdiçando seu tempo em diversão ociosa, sem pensar no autoaperfeiçoamento, há grandes chances de que o seu caráter não seja melhorado, mas se torne uma desvantagem constrangedora nos próximos anos.

O caráter é construído lentamente, passo a passo. Cada pensamento e cada ação são incorporados a ele.

James Allen disse: "COMO UM HOMEM PENSA, ASSIM ELE É!". Se você pensa em coisas dignas, está muito apto a ser um homem digno. Você pode ser praticamente o que quiser. Se quer ser um engenheiro mecânico, ou um engenheiro eletricista, ou um especialista em contabilidade, ou um estenógrafo ou um advogado, ou um gerente de publicidade, ou qualquer outra coisa, você PODE, se mantiver sua mente focada nessa única coisa.

Nunca reclame se o sucesso não vier facilmente. Se assim fosse, você poderia não o reconhecer quando ele chegasse!

Desejo a você tudo de bom, quer eu tenha notícias suas ou não, mas não lhe serei muito útil, a não ser que me dê um voto de confiança e me diga francamente o que está enfrentando. Há algo que gostaria de pedir que o curso fizesse por você?

O que quer que possa empreender na sua vida, seja qual for a sua sorte, seja bem-sucedido ou malsucedido, rico ou pobre, lembre-se de que estou sempre pronto para lhe estender a mão da boa comunhão. E lembre-se também de que, se acontecer de você vir a Chicago, há uma recepção calorosa o esperando aqui na escola.

Com todos os bons votos de sucesso, acredite em mim.

Cordialmente,

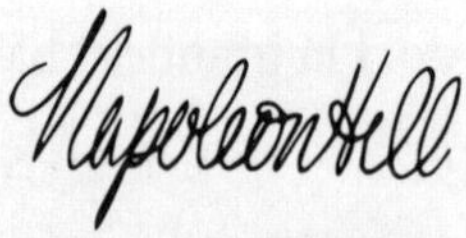

Napoleon Hill

O único SUCESSO real, permanente e que vale a pena é representado pelo caráter que você está construindo.

– Napoleon Hill

NOTAS IMPORTANTES SOBRE IMAGINAÇÃO E ESCRITA

A título de explicação, acrescentaremos que o Sr. Hill não fez a viagem de volta ao antigo lugar de origem que ele descreve nessa carta. Trata-se do que ele imagina que poderia ter acontecido se a tivesse feito.

Essa carta é apresentada não apenas como uma ilustração concreta do uso prático da imaginação, mas também como um exemplo da eficácia de frases curtas e concisas. Observe a simplicidade das palavras usadas e como é fácil seguir o autor da carta. Você não encontra frases complexas e prolongadas. Esse é o estilo mais eficaz para se usar na escrita de literatura de vendas de qualquer tipo, e você deve procurar constantemente desenvolver esse estilo se quiser escrever informações que gerem negócios.

Além disso, há outra boa lição nessa carta. Ela foi escrita como parte de um sistema de acompanhamento por correspondência em que o Sr. Hill estava interessado. Talvez você se interesse em saber que, embora essa carta diga muito pouco sobre "vender um curso por correspondência", rendeu mais de US$ 50 mil em negócios. A evidente sinceridade por trás da carta, a experiência humana presente em toda a história, a simplicidade das palavras empregadas, tudo formou uma poderosa influência para vendas.

O Sr. J. F. Stevens, que pertence à nossa equipe, apresenta a seguinte dissertação sobre o tema da imaginação de um ponto de vista mais prático do que o do Dr. Hess. Ele discute o assunto da seguinte forma:

Embora seu livro didático divida a imaginação em seis tipos de classes, você encontrará uma divisão dupla suficiente para uso prático. Essa divisão dupla é: primeiro, a imaginação reprodutiva; segundo, a imaginação produtiva.

Pelo poder da imaginação reprodutiva, você reproduz ou reconstrói em sua mente uma imagem de uma experiência anterior. Você consegue imaginar como estava a mesa de jantar ontem? Tente! Que comida estava na mesa? Como estava o sabor? O aroma da comida era agradável? Sobre o que foi a conversa? Você se lembra do toque de sua faca e de seu garfo, de seu guardanapo e dos pratos, enquanto os manuseava?

A imagem que você tem da mesa de jantar é um exemplo de imaginação reprodutiva. Você não criou nada de novo. Você simplesmente se lembrou de uma experiência anterior.

A imaginação produtiva, por outro lado, pega elementos ou partes de experiências anteriores e os combina de uma maneira nova, inovadora ou fantástica.

Vejamos como! Imagine um instrumento que lhe permita olhar através de edifícios e montanhas como se fossem ar rarefeito; que lhe permita vislumbrar à vontade os trechos arenosos do deserto do Saara, ou os campos de batalha da Europa; que coloque tudo em todos os lugares ao alcance do seu olhar. A sua imagem mental desse instrumento é um exemplo de imaginação produtiva. Você, no entanto, criou algo?

Vamos decompor esse produto da imaginação em seus elementos e ver se não é uma combinação de partes de experiências anteriores. Em primeiro lugar, há a ideia de transparência. Isso não é novidade. Todos nós conhecemos a transparência do vidro. Todos nós já ouvimos falar do raio X, que torna visíveis as coisas ocultas. Em segundo lugar, há a ideia de trazer para perto lugares distantes para que possamos vê-los claramente. Não é uma ideia nova. Estamos familiarizados com o telescópio ou os binóculos de teatro. Consequentemente, você vê que nosso fantástico exemplo de imaginação produtiva é, na verdade, meramente uma junção de fragmentos de experiências anteriores em uma nova combinação.

Você descobrirá que não é capaz, mesmo com a ajuda do maravilhoso instrumento que imaginamos, de conceber qualquer lugar, paisagem ou coisa que não tenha visto nem pessoalmente nem em fotos.

Você pode recriar em sua mente apenas as impressões ou experiências que chegaram a você pelos seus sentidos. Uma pessoa cega não pode imaginar um avião voando, porque nunca viu nem mesmo uma foto de um. Ela pode dizer qual é a sensação de algo se tiver passado os dedos por cima. Uma pessoa surda não pode imaginar o som dos sinos da igreja, porque nunca os ouviu. Se ela os viu, pode imaginar sua aparência.

Na imaginação, portanto, você só pode imaginar, no todo ou em parte, as coisas que viu, ouviu, sentiu, cheirou ou provou.

Você encontrará amplas oportunidades para empregar a imaginação reprodutiva e produtiva.

Fixe isto firmemente: não pode haver nada na mente que não tenha entrado por meio dos sentidos. Portanto, mantenha seu apelo à imaginação em termos de suas experiências passadas.

Se você refletir, notará que existe um tipo distinto de imaginação para cada sentido. Vamos classificá-los da seguinte forma:

SENTIDO	**TIPO DE IMAGEM**
Audição	*Imagens auditivas*
Visão	*Imagens visuais*
Tato	*Imagens musculares*
Paladar	*Imagens gustativas*
Olfato	*Imagens olfativas*

Às vezes, uma imagem é uma mistura de vários tipos. Assim, sua imagem mental de uma xícara de café pode ser uma combinação da aparência, do sabor e do aroma.

Há então cinco coisas importantes para lembrar sobre a imaginação:

Primeiro, que para fins práticos ela é de dois tipos:

(a) Imaginação reprodutiva

(b) Imaginação produtiva

Segundo, essa imaginação só pode reproduzir ou combinar experiências sensoriais.

Terceiro, que o apelo à imaginação é limitado pela extensão das experiências passadas.

Quarto, que deve haver uma relação apropriada entre a imagem e o tipo de imaginação a que se recorre.

Quinto, a pergunta que frequentemente se faz ligada a esta lição: "Como posso desenvolver minha imaginação para uso prático?".

Isso pode ser feito, e está sendo feito ao nosso redor todos os dias:

Primeiro, por leitura, observação e estudo dos homens e das coisas.

Segundo, pelo uso da memória, armazenando os resultados de nosso estudo em nossa mente e lembrando deles quando necessário.

Terceiro, pela adequação de nossas experiências e nossos conhecimentos anteriores às condições dos outros.

É bom que você fortaleça sua imaginação tanto a partir da literatura quanto da vida. Certas leituras são muito benéficas para o desenvolvimento da imaginação.

Há certos personagens na literatura que se tornam tão reais e impressionantes para nós quanto os membros de nossa própria família, e vemos os resultados da imaginação do autor. Tomemos os personagens de Dickens, por exemplo: Sr. Pickwick, Nicholas Nickleby, Oliver

Twist, o bedel da paróquia, o velho Fagin, o astuto Dodger, Nancy e Bill Sikes. Ou os personagens de Robert Louis Stevenson; ou de Kipling; Sherlock Holmes, como imaginado por Conan Doyle; ou o garoto de rua de Chicago, Artie, de George Ade; e o jogador representado em *You Know Me, Al* (Você me conhece, Al), de Ring Lardner. São criações esplêndidas da imaginação e que valem a pena serem estudadas, porque realmente retratam a vida humana sob condições variadas e aumentarão o conhecimento do mundo.

No reino da ciência, a imaginação desempenha seu papel. Júlio Verne imaginou o submarino, embora *Vinte mil léguas submarinas* parecesse algo impossível, senão ridículo, para os leitores de sua época. Assim como o avião, que Langley, Chanute e os irmãos Wright não só imaginaram primeiro, mas também viveram para realizar.

Semelhantes a esses personagens imaginários da literatura são os personagens imaginários da publicidade, produtos da mesma faculdade mental. Pegue os rostos dos anúncios "Antes e Depois" e você verá as imagens claramente.

A arte vive e prospera na imaginação do verdadeiro artista, e os artistas estão se prestando cada vez mais à ajuda do comércio, de modo que há arte real em grande parte da publicidade hoje. Homens e mulheres devem, pelo menos, acompanhar o artista em matéria de imaginação frutífera.

Embora nem sempre se deva soltar as rédeas da imaginação, ela será considerada altamente desejável de tempos em tempos. Então, cultive sua imaginação e faça-a funcionar para você! Como todas as outras faculdades, você descobrirá que ela é um péssimo mestre, mas um bom servo.

"Nunca reclame se o sucesso não vier facilmente. Se assim fosse, você poderia não o reconhecer quando ele chegasse!"

– Napoleon Hill

CONSIDERAÇÕES DE GITOMER

Como implementar esta lição

Pense nas ideias mais bem-sucedidas que você já teve. Em seguida, monte o cenário que criou a ideia. O lugar, as pessoas, o entorno, o tempo e sua situação na vida naquele momento. Esses mesmos elementos ajudarão você a entender como criar novas ideias. Quando você tiver uma ideia, talvez queira apresentá-la a seus conselheiros ou mentores confiáveis primeiro. Pessoas que lhe darão um *feedback* honesto. Depois, fale sobre ela com alguns amigos. Se eles disserem: "Você é louco", eu garanto que você está no caminho certo. Basta perguntar às pessoas que pensavam que Steve Jobs, Bill Gates ou Jeff Bezos eram loucos.

O caráter é construído lentamente, passo a passo. Cada pensamento e cada ação são incorporados a ele.

– Napoleon Hill

Lição número

5

O valor da autoconfiança e da sinceridade

(Um bate-papo depois da aula com o Sr. Hill)

***INSIGHT* DE GITOMER:** Hill mostra verbal e visualmente (com exemplos) o que é preciso para se tornar uma pessoa autoconfiante. E o que acontece depois que você se torna uma. O segredo está no quão sincero você é tanto na arrogância quanto na conversa.

"Olhe! Ainda resta um escarnecedor por quem orar!"

A frase acima foi a primeira de uma carta que recebi com uma matrícula de um novo aluno.

Esse estudante admitiu francamente, nessa carta que nos escreveu por curiosidade, que não tinha qualquer intenção no momento de se tornar um aluno.

Estava no ramo de negócios havia vários anos e sentia que já sabia o suficiente, segundo ele disse. Começou a receber minhas cartas. Havia algo atrativo nelas, mas ele não sabia dizer exatamente o quê. Por um lado, ele sabia que eu era SINCERO! Que eu estava de fato verdadeiramente interessado em meus alunos!

Esse é apenas um dos muitos casos semelhantes em que os estudantes se expressaram como esse homem. Menciono isso somente como um preâmbulo do que vou escrever sobre o valor da sinceridade em tudo o que escrevemos.

Sinceridade não pode ser fingida!

Se ela for real, os seus leitores sentirão, assim como aconteceu com esse homem. Se for irreal, eles também sentirão. Palavras que vêm do cérebro e não do coração, escritas ou faladas, não são capazes de convencer. Por mais que tente, se você não acredita naquilo que escreve ou fala, os outros não acreditam!

Palavras que não são embasadas pela sinceridade têm efeito inibitório e negativo!

NOTA DE GITOMER: Pense em sua própria sinceridade. O quão genuína ela é, e o quão fácil é para você detectar a mentira nos outros. E não importa se você acha que é sincero. A única opinião que importa é a da outra pessoa.

O esforço só libera totalmente sua recompensa depois que uma pessoa se recusa a desistir.

– *Napoleon Hill*

Perguntaram-me, centenas de vezes, como aprender a escrever cartas que despertem o interesse das pessoas. Essa sempre foi uma pergunta constrangedora para mim, não porque eu não soubesse o que dizer, mas porque eu não sabia COMO DIZER ISSO DE FORMA QUE FOSSE ENTENDIDO!

Algumas pessoas acreditam que um escritor motivacional apenas nasce com essa habilidade. Nada poderia estar mais longe da verdade, na minha opinião.

NOTA DE GITOMER: Como um "escritor instrutivo, informativo e motivacional" nos últimos 25 anos, posso dizer sem sombra de dúvida que Hill está correto. Nasci com inteligência, mas aprendi a escrever. O mesmo ocorre com as vendas. O mesmo ocorre com o falar em público.

Outros acreditam que uma compreensão completa do idioma basta. Isso também não é verdade! É um fato bem conhecido que não mais do que um em cada cem professores de gramática pode escrever um apelo inspirador. Ensinar as emoções pelo uso de palavras depende do que está no coração, e não do que está no cérebro.

Veja o maravilhoso discurso que Lincoln fez em Gettysburg. Ele foi curto. As palavras eram muito simples. Mas você não consegue lê-las sem sentir um forte toque de emoção. Essas palavras ainda guardam a sinceridade que estava por trás delas quando foram proferidas. Observe como tocam seu coração enquanto você as lê:

"Há 87 anos, nossos antepassados criaram neste continente uma nova nação, concebida em liberdade e baseada no princípio de que todos os homens são criados iguais.

"Agora estamos envolvidos em uma grande guerra civil, que provará se esta nação, ou qualquer outra assim concebida e assim destinada, pode perdurar. Encontramo-nos em um grande campo de batalha desta luta. Viemos dedicar uma parte deste campo, como um lugar de descanso final àqueles que aqui deram a vida para que esta nação pudesse viver. É absolutamente pertinente e adequado que o façamos, porém, em um sentido mais amplo, não podemos dedicar, não podemos consagrar, não podemos santificar este solo.

"Os heróis, vivos ou mortos, que aqui lutaram, já o consagraram, muito além do nosso fraco poder de acrescentar ou diminuir. O mundo pouco notará, nem se lembrará por muito tempo do que foi dito aqui, mas nunca poderá esquecer do que eles fizeram aqui.

"Cabe a nós, os vivos, em vez disso, dedicar-nos aqui à obra inacabada que aqueles que aqui lutaram até agora tão nobremente promoveram. Cabe antes a nós estarmos aqui dedicados à grande tarefa que nos resta – que inspirados nestes honrados mortos tenhamos maior devoção àquela causa pela qual eles deram a última medida completa de devoção –, que nós aqui tomemos seriamente a decisão de que estes homens não morreram em vão; que esta nação, sob Deus, terá um novo nascimento de liberdade, e esse governo do povo, pelo povo e para o povo não perecerá da Terra."

Seja qual for o campo de trabalho em que você entre, é necessário que aprenda a escrever apelos convincentes. O seu sucesso dependerá em grande parte da lógica, da emoção e da sinceridade de seus apelos. Permita-me deixar com você este pensamento:

OS SEUS LEITORES E ASSOCIADOS SEMPRE "SENTIRÃO" SEUS APELOS, ESTEJAM ELES CONSCIENTES DESSE FATO OU NÃO! TENHA CUIDADO, ENTÃO, PARA QUE CADA DECLARAÇÃO QUE VOCÊ ENVIAR ESTEJA FUNDAMENTADA NA SUA CRENÇA DE TODO O CORAÇÃO NO QUE VOCÊ ESCREVE!

Que nenhuma soma de dinheiro o tente a escrever qualquer coisa em que você não acredite! Esse é um mau hábito para se adquirir. Isso afastará o eu interior mais refinado que você deve desenvolver e externalizar.

Quando uma pessoa me pergunta como eu aprendi a escrever cartas que despertam o interesse das pessoas, sempre faço meu melhor para explicar que minha expressão externa é apenas uma replicação dos meus sentimentos internos! Que minhas cartas são baseadas no que está em meu coração!

Iniciantes e aqueles que são inexperientes geralmente sentem que minha explicação é inadequada. Isso não me surpreende. Se uma pessoa tivesse feito a mesma explicação para mim quinze anos atrás, eu também não teria entendido.

À medida que você avançar neste curso e aprender mais sobre o funcionamento da mente humana – à medida que aprender a estudar a natureza humana mais de perto –, vai entender exatamente o que estou dizendo agora. É possível que você já tenha chegado a esse estado de compreensão. Se sim, meus cumprimentos.

Todos os meus alunos parecem sentir, assim como o "escarnecedor por quem ainda é preciso orar", que há sinceridade por trás de minhas cartas. Muitos deles expressaram que dariam qualquer coisa para poder escrever tão bem quanto eu.

Deixe-me assegurar-lhe agora, de uma vez por todas, que não há segredo para isso, exceto o que eu expliquei. Os seus verdadeiros sentimentos sempre aparecerão em sua escrita. Se você não estiver satisfeito com sua capacidade de escrita, volte para a primeira lição. O seu coração e as suas emoções guardam o segredo. Se você quiser escrever uma carta que atraia determinada pessoa e ganhe sua confiança, primeiro pense bem nessa pessoa e ofereça a ela sua própria confiança.

Se você quiser escrever uma carta que atraia certa classe de pessoas, primeiro coloque-se no lugar delas, estude o ambiente delas, torne-se simpático a elas, estude suas necessidades, depois estude o produto que você vai tentar vender e veja como ele se encaixa nas necessidades dessas pessoas.

Nenhum ator jamais comoveu um público que não experimentasse os sentimentos que ele estava tentando transmitir.

Você não pode ganhar a PLENA confiança de uma pessoa que não admira. Sempre haverá uma barreira invisível enquanto você permitir que qualquer sentimento de antipatia exista, mesmo que nenhuma aparência externa dela possa ser notada.

Odeie seu empregador e ele, provavelmente de forma inconsciente, receberá suas vibrações de pensamento e retaliará na mesma moeda! Desconfie de seus semelhantes e eles, por sua vez, desconfiarão de você – não abertamente, talvez, mas não menos efetivamente!

Os seus pensamentos trazem de volta algo similar a eles para amaldiçoá-lo ou abençoá-lo, de acordo com sua espécie!

Não há nada de místico ou oculto nisso.

É uma lei científica da natureza! Uma lei sobre a qual teremos mais a dizer adiante neste curso.

Pensamentos são coisas maravilhosas! Mantenha-os limpos, e eles atrairão as pessoas para você. Deixe-os se desviar na direção errada, e eles repelirão pessoas dignas, mesmo que nunca sejam expressos por meio de palavras, escritas ou faladas.

NOTA DE GITOMER: As primeiras palavras em *Quem pensa enriquece* são "Pensamentos são coisas". Aqui elas aparecem pela primeira vez, vinte anos antes de serem imortalizadas.

Uma de minhas melhores amigas ficou atrás de mim, olhando por cima do meu ombro, certa noite, enquanto eu escrevia. Isso foi uma coisa muito indelicada de se fazer, e imagine minha consternação quando ela disse: "EU NÃO GOSTO DISSO. EU NÃO ACREDITO QUE A REVISTA ACEITARÁ ISSO!".

Eu raramente solto os cachorros sobre alguém, embora às vezes possa permitir que meus pensamentos vagueiem por lugares insalubres, mas nessa ocasião eu disse coisas que nós dois não esqueceremos tão cedo.

Eu nunca tinha pregado um sermão antes, mas naquele dia eu preguei!

Felizmente para nós dois, essa ocorrência impediu que minha amiga se tornasse minha esposa! Imagine estar casado com uma mulher que olha por cima do seu ombro, antecipa as suas palavras antes mesmo de elas terem sido escritas e lhe diz que ela não gosta do que você está escrevendo e que também não acredita que os outros gostarão!

Nenhum homem poderia superar um ambiente negativo como esse e seus efeitos inibitórios.

É um caso fisiológico e psicológico que nos leva a responder prontamente à sugestão. Tomemos então o cuidado de guardar cuidadosamente as sugestões que chegam à nossa mente, e de verificar que elas sejam de natureza construtiva!

‘Você será exatamente o que pensa que será’. Não é algo imediato, entenda, mas lentamente, passo a passo, seus pensamentos se cristalizam em ação, e a partir dessa ação cresce o seu mundo material, bom ou ruim!

– Napoleon Hill

Você não pode pensar em fracasso constantemente e ser um sucesso!

"Você será exatamente o que pensa que será." Não é algo imediato, entenda, mas lentamente, passo a passo, seus pensamentos se cristalizam em ação, e a partir dessa ação cresce o seu mundo material, bom ou ruim!

Ninguém pode esconder seu verdadeiro eu por muito tempo! O seu eu verdadeiro está estampado em seu rosto, bem como em suas ações. Algumas pessoas acreditam que, por serem recebidas com calorosas saudações, são confiáveis. Muitos homens, por uma questão de polidez, são cordiais em sua expressão externa, mas muito céticos e desconfiados interiormente.

Tenho razoável certeza de que você concorda comigo em tudo o que escrevi neste "bate-papo". No entanto, posso ouvi-lo perguntar: "Como posso desenvolver essas qualidades desejáveis das quais você escreve?".

Essa é uma questão importante, admito.

Bem, eu vou responder a você dando-lhe a lição número um em AUTOCONFIANÇA, pois sem autoconfiança você não pode esperar desenvolver as outras qualidades desejáveis de que precisará para ser bem-sucedido em qualquer campo de empreendimento.

A seguir está a primeira lição na arte de desenvolver a autoconfiança. Assine-a e, em seguida, vá adiante e a memorize. Há uma razão científica para esse pedido – uma razão sobre a qual falarei mais no momento apropriado. Nestes sete parágrafos curtos, você pode encontrar toda a filosofia necessária para o seu sucesso em qualquer empreendimento:

FÓRMULA DE CONSTRUÇÃO DE AUTOCONFIANÇA

(Para ser memorizada e recitada diariamente)

1. Eu sei que tenho a capacidade de realizar tudo o que empreendo – que para ter sucesso eu só tenho que seguir essa crença em mim mesmo com ação vigorosa e agressiva! EU VOU SEGUI-LA!
2. Eu percebo que meus pensamentos se reproduzem no estado material, físico; portanto, vou me concentrar na tarefa diária de desenhar a imagem mental da pessoa que pretendo ser e de transformar essa imagem em realidade.
3. Eu estou estudando sobre vida e vendas com a firme intenção de dominar os fundamentos e princípios pelos quais posso atrair para mim as coisas desejáveis da vida. Por meio desse estudo, estou me tornando mais autossuficiente, mais alegre, mais solidário com meus semelhantes e mais forte mental e fisicamente. Estou aprendendo a ter o sorriso que atua no coração, bem como nos lábios.
4. Eu estou vencendo o hábito de começar algo e não terminar! Deste momento em diante, primeiro irei planejar tudo o que desejo fazer, formando uma imagem mental clara disso, e então não deixarei que nada interfira em meus planos até que eles tenham se realizado.
5. Eu claramente mapeei e planejei o trabalho que pretendo ter nos próximos cinco anos. Estabeleci um preço pelos meus serviços para cada um desses cinco anos – um preço que EU PRETENDO EXIGIR POR MEIO DA APLICAÇÃO ESTRITA DO PRINCÍPIO DE SERVIR DE MODO EFICIENTE E SATISFATÓRIO!
6. Eu compreendo plenamente que o SUCESSO GENUÍNO só virá com a aplicação estrita do princípio da "Regra de Ouro". Portanto, não me envolverei em nenhuma transação que não beneficie igualmente todos os que participam comigo. Eu vou ter sucesso atraindo para mim as forças

que desejo usar. Induzirei os outros a me servirem por causa da minha disposição de servir-lhes. Vou ganhar a amizade dos meus semelhantes por causa da minha bondade e da minha vontade de ser um amigo. Eliminarei da minha mente o MEDO desenvolvendo em seu lugar a CORAGEM. Eliminarei o ceticismo desenvolvendo a FÉ. Eliminarei o ódio e o cinismo desenvolvendo o amor pela humanidade. 7. Aprenderei a ficar de pé e a expressar-me em linguagem clara, concisa e simples, e a falar com força e entusiasmo, de uma maneira que transmita convicção. Farei com que os outros se interessem por mim, porque primeiro me interessarei por eles. Eliminarei o EGOÍSMO e desenvolverei em seu lugar o espírito de SERVIR, como ensinado pelo Instituto George Washington.

Assinatura ____________________

Seu amigo sincero,
80 East Randolph St.
Chicago, EUA

CONSIDERAÇÕES DE GITOMER
Como implementar esta lição

A crença em si mesmo leva à autoconfiança. Ela começa em sua mente e seu coração muito antes que você possa manifestá-la aos outros. E no mundo de hoje, a autoconfiança se manifesta TANTO na fala QUANTO na escrita. A internet e as mídias sociais forneceram plataformas ilimitadas de expressão, e os mecanismos de pesquisa criaram maneiras instantâneas para o mundo descobrir seus pensamentos. A chave para falar é a sua capacidade de se envolver emocionalmente. A chave para escrever e obter alcance é a autoconfiança e a clareza de pensamento. Isso também significa não aceitar "críticas" com nada além de um "obrigado" em resposta. Creia que o que você diz, faz ou escreve vem do seu coração, não apenas da sua cabeça. A sua crença deve ser interna. Se você duvida de qualquer coisa dita nessas palavras e nesses pensamentos de ouro, tenha em mente que Napoleon Hill vendeu MAIS DE cem milhões de livros, e você não (nem eu).

Sem autoconfiança você não pode esperar desenvolver as outras qualidades desejáveis de que precisará para ser bem-sucedido em qualquer campo de empreendimento.

– *Napoleon Hill*

Lição número

6

Deixe a ambição ser o seu mestre

(Um bate-papo depois da aula com o Sr. Hill)

***INSIGHT* DE GITOMER:** Todo indivíduo tem um grande objetivo e um sonho do tipo de pessoa que ele busca se tornar e o que ele espera alcançar ou obter. Hill desvenda o elemento "dentro da sua cabeça" que o levará ao sucesso: a AMBIÇÃO. As definições dele irão assustá-lo e levá-lo a um caminho para o sucesso. O seu sucesso.

SORTUDO é o homem conduzido por aquele pequeno e determinado capataz chamado AMBIÇÃO! Aqueles que desfrutaram do maior sucesso na vida foram literalmente levados a ter sucesso pela AMBIÇÃO. Ela produziu Harriman, Rockefeller, Carnegie, Hill, Roosevelt e muitos milhares de outros homens bem-sucedidos dos quais nunca ouvimos falar.

A ambição é a mola mestra da vida, mas temos de mantê-la instigada! A autoconfiança é a roda do equilíbrio que mantém a ambição em movimento em uma velocidade uniforme. O entusiasmo é o óleo com o qual mantemos a máquina humana lubrificada e em bom estado de funcionamento. O homem organizado, capaz e produtivo é AMBICIOSO, ENTUSIASMADO e possui muita AUTOCONFIANÇA. Sem essas características, o sucesso é incerto, senão impossível.

A principal razão pela qual eu concordo que minha esposa volte para a fazenda todo verão é que, enquanto está fora, ela constantemente me escreve cartas que me incendeiam com AMBIÇÃO! Ela me entende como poucas esposas entendem seus maridos. Ela sabe como é necessário me lembrar constantemente dos meus principais objetivos na vida, e faz isso de uma maneira agradável e inspiradora.

Quando eu garanti o meu primeiro cargo de US$ 5 mil por ano, pensei que estava resolvido na vida, e provavelmente eu teria permanecido assim se não fosse por aquele pequeno mestre a quem eu estava subordinado – a AMBIÇÃO! A minha esposa e a AMBIÇÃO me fizeram renunciar àquele cargo – POR UM MAIOR! Cinco mil por ano teriam me satisfeito se não fosse pelo meu mestre, a AMBIÇÃO. Em meu campo maior e mais amplo, sirvo a uma centena de semelhantes, onde antes eu servia a um, o que significa que obtenho cem vezes mais prazer da vida, bem como retornos financeiros, que são adequados e proporcionais ao serviço que desempenho.

A ambição foi o que libertou a América do domínio da Inglaterra.

Afirme: qualquer ideia, plano ou propósito pode ser colocado na mente por meio da repetição do pensamento.

– *Napoleon Hill*

Uma vez, quando eu era assalariado, fui dispensado do meu cargo – e foi apenas UMA VEZ na vida! O chefe da instituição para a qual eu trabalhava me disse que eu era muito "ambicioso". Esse foi o maior elogio que alguém já me fez, mesmo que tenha me privado temporariamente do meu sustento.

Essa instituição sobre a qual escrevo foi fundada há quase vinte anos. Ela está gerando um negócio de cerca de US$ 600 mil por ano.[1] Outra instituição, envolvida no mesmo ramo, começou há apenas seis anos com um capital de menos de US$ 6 mil.[2] Anteriormente, fui gerente de publicidade dessa instituição. Ela não desencoraja a AMBIÇÃO. E agora está gerando um negócio de US$ 1,5 milhão[3] por ano e tendo um lucro líquido mensal maior do que a outra empresa tem em negócios brutos. A instituição mais antiga, no mercado há quase vinte anos, é liderada por indivíduos que têm medo do "HOMEM AMBICIOSO". Aquele que trabalha por um salário tem medo de que alguém tome o seu emprego (o que revela que o medo não é infundado). O dono da empresa tem medo do "HOMEM AMBICIOSO" porque teme encontrar nele um concorrente nos negócios (o que, também, tem uma causa bem fundamentada).

MAS – E AQUI ESTÁ O PONTO CRUCIAL DA MINHA HISTÓRIA COM ESSAS DUAS EMPRESAS – A MAIORIA DAS EMPRESAS ESTÁ PROCURANDO HOMENS QUE TENHAM MUITA AMBIÇÃO. Não se preocupe se uma empresa tem medo do homem ambicioso. Isso, por si só, é uma forte evidência da fraqueza de seus administradores.

Enquanto eu era gerente de publicidade da segunda empresa que mencionei, havia três rapazes em meu departamento. Eu lhes avisei que algum dia um deles conseguiria minha posição, e comecei a treiná-los

1. Hoje, esse valor equivale a US$ 8,8 milhões.

2. Hoje, esse valor equivale a US$ 88 mil.

3. Hoje, esse valor equivale a US$ 22 milhões

para o meu trabalho. Eu lhes disse que aquele que tivesse sucesso primeiro conseguiria o lugar, se dependesse de minha recomendação. O meu secretário conseguiu o cargo. Ele ainda está na empresa, ganhando mais dinheiro do que alguém de sua idade costuma receber. Eu não desencorajei a AMBIÇÃO por medo de perder meu emprego. Eu a encorajei para que alguém crescesse o suficiente para me empurrar para fora da rotina e para uma posição maior. Foi o que aconteceu. Não tenho paciência para falar com alguém que seja tão limitado a ponto de ter medo de inspirar a AMBIÇÃO em seus colegas de trabalho. Mostre-me um homem que acredita ter um monopólio sobre os assuntos relacionados ao seu trabalho, e eu lhe mostrarei alguém que nunca se desenvolverá para além do próprio egoísmo.

Suplico a você que não incorra no hábito de negligenciar o cultivo da sua AMBIÇÃO. Você precisará de mais do que meros serviços com os quais terá sucesso. Você precisará daquela pequena questão sempre alerta que é o assunto desta lição. Mas aqui cabe uma advertência: não deixe que sua ambição o torne egoísta! O maior objetivo pelo qual devemos desenvolver a ambição é o desejo de servir ao próximo. Não podemos servir-lhe se tivermos ciúmes dele.

Lembre-se também de que a AMBIÇÃO é uma coisa contagiante. Se você a der ao mundo, o mundo a devolverá a você em maior medida. Mas se guardá-la para si mesmo, você a perderá. Ela irá criar asas e voar!

A ambição encontra expressão em mil formas diferentes. É o fundamento por trás de toda invenção, arte, música, indústria e de todo o comércio – mais que isso, ela é a base sobre a qual o progresso do mundo foi construído. Na geração atual, temos visto isso nas invenções mais maravilhosas que o mundo já conheceu: o automóvel, o telefone, a rede sem fio, o submarino, o raio X e o avião.

A AMBIÇÃO é uma coisa contagiante.

– Napoleon Hill

A AMBIÇÃO é a trama a partir da qual essas coisas foram construídas. A ambição nos leva a pensar, e quando começamos a pensar, os problemas nebulosos na evolução do mundo começam a ser esclarecidos e simplificados. SEJA AMBICIOSO ANTES DE QUALQUER COISA. O RESTANTE SE ACERTARÁ SOZINHO.

Do seu amigo sincero,

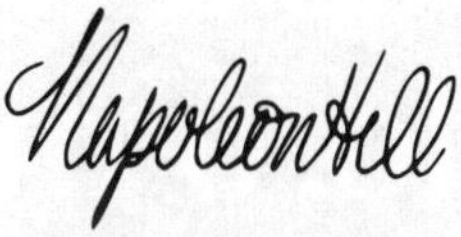

80 East Randolph St.
Chicago, EUA

Se você a der ao mundo, o mundo a devolverá a você em maior medida. Mas se guardá-la para si mesmo, você a perderá. Ela irá criar asas e voar!

– *Napoleon Hill*

CONSIDERAÇÕES DE GITOMER

Como implementar esta lição

A chave para a ambição é a automotivação ligada à atitude, autoconfiança e determinação em ter sucesso – NÃO IMPORTA O QUE ACONTEÇA. A boa notícia é que a maioria das pessoas NÃO possui essa fórmula. Agora você a tem, assim como a sabedoria para dar o pontapé inicial. Substitua os exemplos que Hill oferece por suas próprias ambições. Coloque alguns bilhetes grudados no espelho do banheiro como um lembrete e uma inspiração para "nunca, nunca, nunca desistir" (Winston Churchill). Você é o mestre do seu destino e o capitão da equipe para alcançar seus sonhos.

A educação vem de dentro. Você a consegue por meio de luta, esforço e pensamento.

– *Napoleon Hill*

Lição número

7

Adversidade: há males que vêm para o bem

(Um bate-papo depois da aula com o Sr. Hill)

***INSIGHT* DE GITOMER:** Quando tudo dá errado… no final do fracasso está o início do sucesso; mas a maioria das pessoas está chafurdando profundamente em autopiedade e raiva e não consegue ver o "bilhete dourado" bem na frente. Cabe a VOCÊ e à sua autodeterminação manter o andamento das coisas. A perspectiva positiva de Hill sobre a adversidade lhe dará esperança e respostas para o que quer que aconteça em seu caminho para o sucesso. Leia para ter sucesso.

Amigo, não fique desanimado, desapontado e deprimido se a mão aparentemente cruel do destino derrubar você! Talvez o golpe venha a ser a maior bênção que já cruzou o seu caminho.

Quando as nuvens negras do desespero escurecerem o caminho do progresso da vida, lembre-se de que por trás de cada adversidade há um lado positivo, basta que você aprenda a vê-lo!

Dois homens estabeleceram e construíram uma instituição comercial de enorme sucesso. Eles possuíam um número mais ou menos parecido de ações da empresa. Um dos homens, que tinha muita iniciativa, começou a vender parte de sua carteira, desfrutando assim, para uso pessoal, de uma grande quantidade de dinheiro disponível dos lucros.

O seu sócio no negócio, que não apresentava tanta iniciativa, queria vender algumas de suas ações pessoais para que ele também pudesse desfrutar de algum dinheiro disponível. Mas não conseguiu vender nada. Ele apelou para seu sócio, que tinha compradores dispostos a adquirir suas ações, para que este as vendesse. Mas o sócio se recusou. Essa recusa resultou em um sério desentendimento entre os dois homens, que finalmente terminou em uma dissolução completa de suas relações comerciais.

Agora vamos ver o que aconteceu! Aquele que não conseguiu encontrar um mercado para suas ações foi o afortunado no final das contas. O que teve pronta iniciativa, e havia vendido suas ações, vendeu com elas sua voz na gestão do negócio. Quando a desavença entre eles atingiu o ponto máximo, aquele que não conseguiu vender suas ações naturalmente tinha, POR FORÇA DAS CIRCUNSTÂNCIAS, o controle do negócio, então usou seu poder para sua própria salvação e em detrimento de seu associado, conseguindo uma votação pela saída dessa pessoa da presidência da corporação e votos suficientes para assumir ele mesmo o cargo.

"Toda mudança no ambiente de uma pessoa serve a um propósito. Aquilo que parece uma decepção e falta de 'sorte' geralmente é uma prova de que há males que vêm para o bem."

– *Napoleon Hill*

O fato de ele não ter conseguido vender suas ações prova que HÁ MALES QUE VÊM PARA O BEM.

Um jovem presidente de uma corporação, que estava ganhando uma grande quantidade de dinheiro, confiou demais em seu banco ao pedir um empréstimo para fins de expansão. O banqueiro buscou o interesse desse jovem na corporação, porque sabia que ele estava ganhando dinheiro, mas o banqueiro por acaso era desonesto. No pânico de Roosevelt de 1907, o banqueiro viu sua chance e encerrou a conta do jovem. Parecia um dia sombrio para ele. Tudo estava perdido. Mas observe a roda da fortuna enquanto ela gira pela força da mão da sorte! A perda dele o obrigou a voltar à advocacia. Isso o colocou em contato com uma corporação de US$ 1 milhão que lhe deu um emprego que pagava US$ 5 mil por ano, um salário que ele não teria pensado em aceitar de um estranho enquanto estava no controle de seu próprio negócio. Isso o levou ao Centro-Oeste e, da mesma forma, o colocou em contato com a "grande oportunidade" de sua vida.

Dessa forma, a perda dele acabou sendo uma prova de que há males que vêm para o bem, pois literalmente o levou a um sucesso maior.

Um jovem bancário foi dispensado por causa de seu hábito de desenhar imagens e esboçar peças mecânicas de automóveis durante o horário comercial. A perda de seu emprego foi um grande choque, pois ele sustentava a mãe e duas irmãs com seu modesto salário.

A perda do emprego no banco foi a maior bênção que podia lhe acontecer, pois seis meses depois ele inventou uma peça de automóvel que lhe rendeu uma fortuna. Agora é presidente de uma das maiores empresas de acessórios automotivos dos Estados Unidos. Seus funcionários recebem blocos de papel e lápis, com instruções para desenhar automóveis e peças à vontade e apresentar a ele quaisquer novas ideias para melhorias de peças de automóveis. Qualquer uma dessas ideias que ele usa rende um pagamento extra de US$ 100.

John D. Rockefeller dispensou um de seus fiéis empregados que ele achava que havia ido longe demais no exercício de suas funções, ao fazer uma transação financeira não autorizada durante sua ausência, embora o acordo tivesse rendido ao Sr. Rockefeller vários milhares de dólares.

Há males que vêm para o bem! Esse homem, que havia sido honesto e fiel, mas não tão bem pago, foi imediatamente contratado por um dos concorrentes do Sr. Rockefeller, com um belo salário. Ele agora ocupa um alto cargo na empresa rival.

Toda mudança no ambiente de uma pessoa serve a um propósito. Aquilo que parece decepção e falta de "sorte" geralmente é uma prova de que há males que vêm para o bem. Se não observarmos cuidadosamente a causa e o efeito em tudo o que fazemos, e em tudo o que cruza o nosso caminho, talvez nunca tenhamos chance de descobrir quando e onde nossos aparentes fracassos na realidade são bênçãos.

Pare e faça um levantamento de seu próprio registro de vida e veja se não consegue encontrar evidências que reforcem isso! Faça um levantamento da vida daqueles que você conhece intimamente e veja se isso não é verdade!

Então, quando ficar desanimado, quando o destino parecer duvidoso e o caminho da vida estiver repleto de espinhos e decepções; quando a mão rude do destino girar a roda da fortuna com tanta força que o ponteiro passar do seu número, apenas lembre-se de que há algo maior esperando por você – se não for em seu ambiente atual, será mais tarde, em algum outro ponto na esfera da realização humana!

Portanto, aguente firme!

O MOMENTO MAIS FELIZ DA MINHA VIDA

Vou falar sobre o momento mais feliz que já vivi. É bem provável que esta pequena narrativa não termine como você imagina, nem como você acredita que ela deveria terminar.

O momento mais feliz da minha vida não foi quando garanti meu primeiro emprego como estenógrafo recebendo US$ 10 por semana, embora eu estivesse muito feliz na época. Sair das minas de carvão, onde meu trabalho era cercado de muito perigo, e onde eu não tinha oportunidade de crescimento, foi de fato um momento feliz. Jamais esquecerei quando larguei a picareta pela última vez, sentindo e sabendo que, ao fazê-lo, eu havia me livrado das algemas que prendem milhões de homens ao trabalho pesado por toda a vida.

Também não desfrutei do momento mais feliz da minha vida no dia em que me tornei secretário particular de um dos maiores executivos de negócios da América, com um salário de US$ 100 por mês, embora eu tenha percebido muito bem que esse passo significava a maior oportunidade que eu já havia tido.

Também não tive o momento mais feliz da minha vida quando me tornei assistente do diretor jurídico de uma das maiores corporações do ramo no mundo. Para falar a verdade, eu sentia o imenso valor dessa oportunidade maior de crescimento pessoal, mas sabia, intuitivamente, que ainda não havia chegado ao momento mais feliz da minha vida.

Também não experimentei o momento mais feliz da minha vida quando me tornei gerente de publicidade de uma instituição de US$ 1 milhão, com um salário de US$ 5 mil por ano. Eu me senti bem ao ver o meu desenvolvimento e ao perceber que havia chegado tão longe em direção ao objetivo da minha ambição final, mas o momento mais feliz da minha vida ainda não havia chegado. Eu notava o quanto precisava de mais desenvolvimento antes de poder começar a viver e servir ao próximo da maneira que, há anos, eu ansiava poder fazer. Eu via minha fraqueza e falta de desenvolvimento como ninguém mais teria sido capaz. Eu sabia que ainda faltava alguma coisa, e mesmo que não soubesse o que era, sabia que sem ela nunca poderia alcançar o auge da minha ambição.

Tornei-me presidente de uma grande corporação que prosperou financeiramente. A minha parte dos lucros era de mais de US$ 1 mil por mês. Eu tinha carros. Eu tinha funcionários. Eu tinha ternos e chapéus de fina seda. Eu tinha um motorista. Receber US$ 12 mil por ano permite que a pessoa desfrute de muitas coisas de que não precisa, e sem as quais estaria melhor. MAS EU NÃO ESTAVA FELIZ!

ENTÃO VEIO O PÂNICO FINANCEIRO DE 1907. Num piscar de olhos, o meu negócio e cada dólar que eu tinha foram varridos naquele terrível, embora desnecessário, pânico de 1907. Fui ao meu escritório para retirar o que sobrara do que tinha sido minha mesa no dia anterior. Em uma gaveta, encontrei US$ 0,50. Era tudo o que se interpunha entre mim e a fome. Eu girei a moeda na palma da minha mão algumas vezes. Então veio a plena percepção do que eu precisava para ser feliz. Naquele momento, enquanto segurava aquela moeda diante de mim, eu me vi sendo derretido e derramado novamente do cadinho da EXPERIÊNCIA DIFÍCIL!

ESSE FOI O MOMENTO MAIS FELIZ DA MINHA VIDA!

Eu estava feliz porque havia andado em pastagens verdes até consumir excessivamente da prosperidade. De US$ 1 por dia, como trabalhador braçal, a US$ 1 mil por mês, como presidente de uma grande corporação, foi demais para mim. Tive que ser rebatizado no fogo da necessidade e da fome. Eu precisava de uma nova base sobre a qual construir minha estrutura de negócios. E quando me sentei lá e fiz um inventário de minhas posses mundanas, percebi muito bem que construiria essa nova e melhor fundação PORQUE EU TINHA QUE FAZÊ-LO!

Não havia outra saída, e o pensamento desse processo de reconstrução compulsório – um processo que me tornaria mais forte, mais capaz e um trabalhador mais feliz nos campos de colheita da vida – trouxe alegria ao meu coração.

Aquele fracasso de 1907 foi verdadeiramente uma prova de que HÁ MALES QUE VÊM PARA O BEM! Sem ele eu nunca teria conhecido o valor total da adversidade. Bom seria se todos nós experimentássemos reveses financeiros temporários. Sem eles, podemos nos tornar egoístas. Podemos esquecer que, quaisquer que sejam as nossas posses mundanas, nós as mantemos meramente durante uma breve tutela chamada VIDA.

"Senhor, não me alimente com superabundância, para que meu ventre não fique cheio e eu O negue."

Essa citação, embora possa não ser exata, expressa em termos bíblicos uma verdade que desejo transmitir por meio desta narrativa. A experiência mais rica que pode ocorrer a um homem ou a uma mulher é a da inversão financeira. O valor total de tal experiência dependerá de a aceitarmos como uma bênção ou como uma maldição.

Do seu amigo sincero,

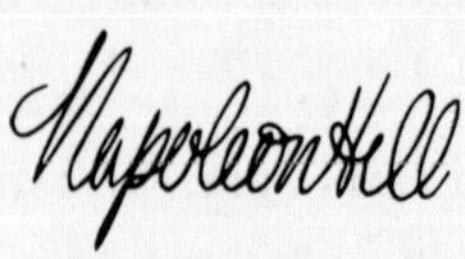

80 East Randolph St.
Chicago, EUA

CONSIDERAÇÕES DE GITOMER

Como implementar esta lição

Hill, por meio de seus próprios exemplos de fracasso, mostra como reagir, responder e se recuperar de qualquer situação – especialmente financeira – e como transformá-la em uma lição em vez de uma derrota. É a sua vez. Faça uma lista de suas adversidades até o momento, e como você reagiu, respondeu e se recuperou. Ao lado de cada uma, escreva o que você PODERIA ter feito ou DEVERIA ter feito, e depois escreva a lição aprendida. Interessante que o que pareceu devastador, na época, agora nem parece ser um problema. E isso, por si só, já é uma lição. Estude seus desafios e suas adversidades passadas, pois essas lições o guiarão para o sucesso futuro.

“

Você só pode ter sucesso na vida da mesma forma que tem sucesso em uma corrida: ultrapassando os outros.

– Napoleon Hill

”

Lição número

8

Tempo: a coisa mais preciosa do mundo

(Um bate-papo depois da aula com o Sr. Hill)

Coelho Branco:
"Estou atrasado, estou atrasado para uma data muito importante. Não há tempo para dizer olá, adeus, estou atrasado, estou atrasado, estou atrasado".

– Lewis Carroll (Alice no País das Maravilhas)

***INSIGHT* DE GITOMER:** Por que as pessoas mais ocupadas do mundo SEMPRE têm tempo para fazer coisas importantes? RESPOSTA: ELAS SABEM O VALOR DA DISTRIBUIÇÃO E DA UTILIZAÇÃO DO TEMPO. Pense nas pessoas mais bem-sucedidas que você conhece. Elas estão sempre ocupadas REALIZANDO. Agora pense nas pessoas que você conhece que não estão atingindo o próprio potencial. As chances são de que elas não estejam nem perto do nível máximo de desempenho. Elas culpam os outros em vez de aproveitar a oportunidade. Há respostas importantes nesta lição, mas SOMENTE se você estiver disposto a investir tempo em si mesmo. Há mais respostas de "como" no final da lição.

James J. Hill, o grande construtor de ferrovias, ultrapassou os limites. O Sr. Hill começou sua carreira como operário. Ele não era o que o mundo chamaria de sucesso até depois de ter passado a quadragésima milha da vida. A sua verdadeira carreira começou por volta dos 38 anos. MAS ENTRE OS DEZOITO E OS 38 ANOS, ELE ESTAVA SE PREPARANDO PARA O SUCESSO QUE NUNCA TERIA VINDO SE NÃO ESTIVESSE FAZENDO BOM USO DE SEU TEMPO! Hill teve a sua medida de tempo, e ninguém pode dizer que ele não o aproveitou. Para ele, o TEMPO era a coisa mais importante do mundo.

Por natureza, quase todos nós somos preguiçosos. Precisamos de estímulos constantes para nos manter em movimento na linha do desenvolvimento pessoal. Mas alguns são mais preguiçosos do que outros. Esses são os que desfrutam de menos sucesso – aqueles que o mundo chama de fracassados. Outros, pelo constante desenvolvimento, tornaram-se mais diligentes, e esses são os que o mundo chama de bem-sucedidos. Cada um de nós que é capaz e tem mente forte, mas não conseguiu ter sucesso quando atingiu a quadragésima milha, pode ver o responsável por sua falta de sucesso olhando-se em um espelho.

Do meu escritório, posso olhar para as belas águas azuis do lago Michigan. Lá fora, no verão, dezenas de jovens estão aproveitando a vida em veleiros, lanchas e canoas, assim como eu gostaria. Eu fiz basicamente o que esses jovens estão fazendo antes dos trinta anos, mas agora o TEMPO é precioso demais para ser dedicado inteiramente ao prazer. PRECISO TRABALHAR PORQUE ESTOU CORRENDO CONTRA O TEMPO E SÓ TENHO ALGUNS ANOS PARA VENCER A CORRIDA, A MENOS QUE EU SEJA UMA DAQUELAS PESSOAS QUE ALCANÇAM O SUCESSO DEPOIS DOS QUARENTA!

Tenho, no entanto, o receio de arriscar nessa matéria. Agora tomei posse da herança mais preciosa que este mundo tem a me oferecer: UMA CHANCE DE FAZER O BEM, e devo prestar contas da minha mordomia. Dez anos atrás, teria sido diferente. Eu teria dito: "Ah, para que trabalhar tanto, se eu poderia estar me divertindo", mas hoje não posso poupar uma única dessas horas preciosas que me pertencem.

Recentemente, li um editorial em um de nossos diários metropolitanos que me impressionou ainda mais quanto ao grande valor do tempo. Esse editorial foi escrito por um dos redatores de jornais mais bem pagos do mundo, como o próprio editorial claramente indica. É um editorial que todo homem no mundo, jovem ou velho, bem-sucedido ou malsucedido, deveria ler. É por isso que eu o cito aqui.

Ele será especialmente benéfico para quem não chegou aos trinta anos. Mas não fará mal algum àqueles que têm quarenta ou cinquenta anos. Ele beneficiará o homem que quer aprender COMO VENDER SEUS SERVIÇOS, pois lhe mostrará COMO CONTINUAR A VENDER OS SEUS SERVIÇOS. Tomarei a liberdade de dar a esse editorial uma manchete que não apareceu no jornal. Vou chamá-lo: COMO TER SUCESSO!

SERMÕES são cansativos, e isso é pregação. Mas um milhão de jovens, e outro milhão ainda, seriam mais úteis, mais felizes, se pudessem aplicar a si mesmos este sermão. Ele aborda, de uma nova forma, a velha história da formiga e da cigarra. La Fontaine, em sua fábula, contou isso aos franceses e a todo o mundo civilizado moderno. Esopo, o grego, há 2,5 mil anos, ensinou a história ao escritor francês. E para Esopo, a história veio da Ásia. De onde o escritor asiático a conseguiu, não sabemos. Mas sabemos que é uma história tão antiga quanto a inteligência humana, sempre nova e verdadeira, e ei-la aqui novamente. Não será uma perda de tempo refletir sobre ela. Formiga e cigarra se encontram no frio do inverno.

A formiga está confortável, bem abastecida com comida, pois esteve trabalhando durante o clima quente. A cigarra, tremendo, faminta, implora por ajuda. "O que você esteve fazendo durante todo o verão?", perguntou a formiga. "Saiba você", respondeu a cigarra, "que eu estive cantando." "Muito bem", diz a formiga, "se você esteve cantando todo o verão, agora dance no inverno." A formiga de coração duro fecha a porta, termina a conversa e deixa a cigarra, que passou o verão cantando, para passar alguns minutos do inverno morrendo.

Você, jovem, que permite que a juventude, que é o verão dos seres humanos, passe à toa, trabalhando o mínimo possível no inverno, trabalhando o mínimo possível no verão, VOCÊ É A CIGARRA DA CIVILIZAÇÃO. Mais tarde, em seu inverno, em sua velhice, quando o frio chegar e for difícil encontrar trabalho e pagamento, talvez você se questione sobre a dureza de coração e o egoísmo do homem que trabalhou enquanto você esteve cantando, e que diz: "Você que estava cantando, levando uma vida boa enquanto era jovem, agora DANCE PARA SE MANTER AQUECIDO".

O mundo é formado por formigas que têm pouca simpatia pela pobreza na velhice. A cigarra da fábula foi mais afortunada do que os velhos que imploram por trabalho, pedindo uma chance que é recusada, lutando em vão para compensar os dias desperdiçados. Muito melhor do que a caridade fria e o asilo dos pobres é o destino da cigarra quando a neve cai e a geada vem.

Jovens que vivem planejando suas férias de verão e se perguntando quanto tempo terão para a ociosidade durante o clima quente, tenham isto em mente: VOCÊS PODEM SER BEM-SUCEDIDOS SE QUISEREM. O homem de sucesso é um homem INDEPENDENTE dos outros. O homem que não é independente vive e morre na escravidão. Não importa o quão expressivo seja o seu salário, se você não se tornar independente pelo trabalho duro, pelo autocontrole e pela poupança – independentemente do emprego e do empregador –, não é nada além de um escravo do seu empregador. Ele é dono do seu TEMPO, e AQUELE que é dono do seu tempo POSSUI VOCÊ.

O homem nessa história é a cigarra que se prepara para uma velhice de necessidades. Ele observa as abelhas, as vê indo e vindo incessantemente, todas trabalhando, exceto a rainha que produz as abelhas jovens. Ele sabe que os zangões, que não fazem nenhum trabalho, são mortos e jogados para fora da colmeia pelas operárias em determinado momento. "Pequenas criaturas interessantes", diz ele para si mesmo. Não percebe que ele é um dos zangões, esperando o velho tempo, a operária com sua picada, para jogá-lo fora e acabar com ele.

A diferença entre um zangão miserável e uma operária na colmeia é esta: a operária tem a capacidade de picar, o zangão não. O zangão é grande, gordo, bonito. Ele não trabalha e não tem ferrão. Quando chega a hora, as operárias atacam os zangões, picando-os até a morte, arrastando seus cadáveres para fora da colmeia e prosseguindo com o trabalho útil. Rapazes, a picada é para a abelha o que a FORÇA DE VONTADE É PARA O HOMEM. O homem pode aumentar a força de vontade

CULTIVANDO A VONTADE, e fazer com que a vontade o leve ao trabalho e à independência.

Imagine um rapaz bêbado, no meio do lago, flutuando ociosamente de costas e admirando a paisagem, hora após hora. Você lhe diria: "Jovem, é melhor você se virar e nadar em direção à margem. A escuridão está chegando, e você não encontrará seu caminho tão facilmente. Não é hora de ficar boiando".

Aos milhões de jovens que pensam apenas no resto que não ganharam, entregando-se à perda de tempo que significa tristeza na velhice, dizemos o seguinte: ESTE NÃO É O MOMENTO PARA VOCÊ FICAR FLUTUANDO DE COSTAS. Este não é o momento para você ficar admirando a paisagem, imaginando como pode se divertir e escapar do trabalho desagradável. O inverno está vindo, e a velhice, que é o inverno da vida, está chegando. O tempo não para e não descansa quando você para. A vida é um grande oceano, e você está no meio dele. Este é o momento de seguir em direção à costa, em direção à segurança, em direção a UMA BASE FIRME E INDEPENDENTE.

Vá a um asilo ou aos parques onde os pedintes dormem à noite, ou às prisões; veja os homens que procuram trabalho, em vão, e você verá aqueles que não conseguiram nadar e nunca chegaram à margem.

Agora, para o homem que não está ocioso, que tem ambição, que considera o trabalho como a coisa principal, e o prazer como secundário, o início deste editorial não é necessário.

O momento de obter sucesso é quando os outros ficam parados. Aquele que corre, enquanto os outros se sentam e pensam, é quem vencerá a corrida.

Os dias quentes de verão são dias de descanso para a maioria dos trabalhadores.

Todo mundo corre rápido no INÍCIO de uma corrida. Os meses frios são o início da corrida de cada ano. Os meses quentes de verão são

As férias, razoáveis em duração, sensatas e inteligentes em seu uso, são a parte mais proveitosa do seu ano de trabalho, adicionando anos de vida e eficiência aos dias de trabalho árduo.

– *Napoleon Hill*

o fim da corrida. Toda corrida é vencida no FIM, pelo homem que continua correndo o mais rápido que pode, depois que os outros começam a se cansar e diminuir o passo.

Que você, jovem que tem ambição, esteja entre os que correm tão depressa no tempo quente como nos dias de descansar, de desacelerar.

Não queremos dizer que você não deve ter férias razoáveis, se puder. Mas faça com que sejam férias sensatas. Aproveite a vida ao ar livre, com exercícios, horários regulares, alimentação cuidadosa, boas leituras.

As férias, razoáveis em duração, sensatas e inteligentes em seu uso, são a parte mais proveitosa do seu ano de trabalho, adicionando anos de vida e eficiência aos dias de trabalho árduo.

No entanto, não imagine que férias razoáveis significam férias livres de pensamentos.

O CÉREBRO NUNCA SE CANSA.

Uma pequena parte do cérebro usada repetidamente fica cansada. A maneira de descansar essa parte cansada do cérebro é usar a energia do cérebro que ficou ociosa.

Quando você sai de férias, faz questão de usar os músculos que não estão funcionando. Faça questão também de usar essas partes do cérebro que não estiveram trabalhando.

Leia bons livros, de diversos tipos. Pense seriamente em novos assuntos. Questione aqueles com quem você entra em contato. Descubra como ELES vivem – o verdadeiro estudo da humanidade é o homem, como você sabe. Observe a si mesmo, enquanto está trabalhando, para se certificar de que está fazendo o seu melhor. Observe os outros em suas férias, converse com eles, questione-os, OUÇA O QUE DIZEM, para que você possa aprender com os outros e com os pensamentos dos outros.

Quando Darwin partiu em sua famosa viagem marítima, poderia ter tirado férias, no sentido usual. Foram férias, mas isso fez dele um homem maior na ciência, melhor, mais útil. Das férias dele, ele trouxe o conhecimento e a saúde. Procure fazer o mesmo.

Jovem ambicioso, você deve perceber que dias de ociosidade para os outros são SUA OPORTUNIDADE.

Você só pode ter sucesso na vida da mesma forma que tem sucesso em uma corrida, ultrapassando os outros. E você pode ter sucesso mais facilmente enquanto o outro está dormindo na rede, cochilando, ou "boiando" de costas sem chegar a lugar nenhum, sem perceber que está longe da margem da independência.

ELE REPRESENTA A SUA OPORTUNIDADE.

Pois este é um mundo de competição, e o sucesso é construído sobre o fracasso dos outros. Um jovem inteligente disse a seu pai que havia muitos tolos no mundo. "Não seja muito duro com os tolos", disse o pai. "Se não houvesse tantos tolos, talvez não estivéssemos tão bem."

Cordialmente,

80 East Randolph St.
Chicago, EUA

CONSIDERAÇÕES DE GITOMER

Como implementar esta lição

"Tempo é dinheiro." Você já ouviu essa expressão mil vezes ou mais. E mesmo ouvindo tantas vezes, *você a ignorou totalmente*. Então, se tempo é dinheiro, o que você está fazendo com o seu? Você está gastando ou investindo? E como seus investimentos de tempo estão funcionando para você? Hill enfatiza o valor do tempo e dá exemplos de como utilizá-lo para obter o máximo retorno. Veja o que fazer:

1. Identifique seus quatro ou cinco usos mais importantes do tempo. Família, exercícios, carreira de vendas, viagens, o que for.
2. Crie uma lista de DISTRIBUIÇÃO DE TEMPO SEMANAL. Divida o seu tempo acordado diário em segmentos de trinta minutos.
3. Insira os elementos IMPORTANTES a partir do número 1 da lista, conforme necessário. Isso permitirá que você se concentre nos elementos IMPORTANTES de sua vida.

“

Não imagine, no entanto, que férias razoáveis significam férias livres de pensamentos. O CÉREBRO NUNCA SE CANSA.

– *Napoleon Hill*

”

Lição número

9

Sete regras do sucesso

(Um bate-papo depois da aula com o Sr. Hill)

***INSIGHT* DE GITOMER:** Todo mundo está procurando o segredo para o sucesso. Então, PARE de PROCURAR e comece a ler e estudar. Não há "um" segredo. Mas existem ideias, estratégias, pensamentos e filosofias que você pode adaptar e adotar em sua situação pessoal, nos desejos, nas necessidades familiares e na ética de trabalho. Aqui estão as regras de Hill. E uma vez que você as ler, verá que TODAS podem ser imediatamente adaptadas e adotadas em sua vida.

Bem, aqui estamos, na nona lição! Você já passou a parte mais árida do seu curso. De agora em diante, andará em excelentes pastagens.

O trabalho será tão interessante que você aguardará o recebimento de suas tarefas de aula com tanta ansiedade quanto um menino que espera por uma bola e uma chuteira.

Temos muitas surpresas reservadas para você!

Vamos dar-lhe muito mais do que prometemos quando você começou este curso. Você tem sido fiel até agora. Estudou a parte maçante do curso de uma maneira que prova que você tem força de vontade, determinação e tenacidade. Você mostrou fé, não só em seus instrutores, MAS EM SI MESMO TAMBÉM! Parabéns! O homem que acredita em si mesmo já venceu noventa por cento de sua batalha pelo SUCESSO.

Neste breve bate-papo, vou lhe mostrar sete regras importantes para o sucesso – regras que todos os homens que tiveram sucesso observaram de uma forma ou de outra. Mas lembre-se: não estou dizendo que mesmo a estrita observância dessas regras por si só o tornará bem-sucedido, mas será um grande avanço em direção a isso. A primeira é uma regra que tenho certeza de que você deve observar. Algumas dessas regras são de minha autoria, enquanto outras foram sugeridas por um editorial que apareceu em um dos grandes jornais metropolitanos. Apenas não me lembro agora qual deles – se eu lembrasse, daria o crédito de bom grado.

PRIMEIRA: Você deve acreditar em si mesmo. Você deve cultivar a AUTOCONFIANÇA!

Coloco essa acima de todas as outras porque acredito que seja a mais importante. Muitos anos atrás, três jovens se formaram no curso de Administração e saíram pelo mundo para construir suas carreiras. Dois deles tinham apenas educação escolar comum, enquanto o terceiro era graduado na faculdade. Um dos garotos da "escola comum" é agora gerente de publicidade de uma das maiores lojas de departamento de Nova York, com um salário de US$ 10 mil por ano. O outro garoto da "escola comum" está escrevendo este pequeno "bate-papo depois da aula" para você. E o graduado na faculdade – bem, o histórico dele não é o que nós, meninos "comuns", achávamos que seria.

Ele veio me ver há alguns meses. Estava com uma camisa suja. Os seus sapatos estavam gastos. Era o indivíduo com a pior aparência que eu tinha visto em muito tempo. Eu não o via há dez anos, então não o reconheci de início.

Ele me contou sua história. Havia falhado em tudo o que empreendeu. Levei-o para casa comigo, dei-lhe algumas roupas, camisas limpas e arranjei-lhe um emprego. No dia seguinte, ele estava de volta. Ele havia perdido o emprego! O problema era sua falta de AUTOCONFIANÇA. Nada de novo debaixo do sol! Ele tinha uma farta escolaridade. Ele tinha muito bom senso. Mas não tinha fé em si mesmo, então era um fracasso miserável.

SEGUNDA: Você deve cultivar O ENTUSIASMO.

O ENTUSIASMO é um dos grandes fatores de sucesso. Ele é importante especialmente porque AJUDA UM HOMEM A COMEÇAR.

Infelizmente, o entusiasmo é uma das qualidades mais difíceis de cultivar. É quase uma característica própria de alguém, como seus cabelos escuros, ombros largos ou suas feições. No entanto, até mesmo o entusiasmo PODE ser cultivado, e deve ser cultivado.

Comece tirando de sua mente os sentimentos críticos de reclamação e de insatisfação. Isso é como arrancar ervas daninhas de um jardim. Se um homem puder tirar de sua mente os sentimentos tolos de queixa e de vaidade vergonhosa, limpará o jardim para que o entusiasmo cresça.

O entusiasmo é, em grande parte, uma questão de vitalidade, saúde e força. Levante-se de manhã depois de oito horas de bom sono, e você ficará entusiasmado – pronto para se ocupar de qualquer proposta. Levante-se após cinco horas de sono e uma noite tolamente gasta, e você não terá força para o entusiasmo. Cultive sua força, guarde-a e treine a si mesmo para olhar o mundo com entusiasmo e esperança, bem como desprezar as dificuldades! O entusiasmo é a energia que aciona o motor da autoconfiança!

TERCEIRA: É desnecessário sugerir que você deva ser honesto. Fala-se da honestidade incessantemente desde a escrita dos Dez Mandamentos, e muito antes até. Há muitas falsas reputações e não poucas grandes fortunas construídas sobre a DESONESTIDADE. Há alguns homens pobres agora que poderiam ter sido ricos se tivessem sido desonestos. Mas tenha certeza de que o sucesso REAL vem apenas para o homem honesto que pensa, trabalha e TRATA OS OUTROS COM HONESTIDADE.

QUARTA: Você deve praticar a abnegação.

A ABNEGAÇÃO é especialmente uma questão de educação.

Em vez de ficar se perguntando: "Como posso me divertir ou me vestir?", diga a si mesmo: "Que FALTA isso fará?". A abnegação não é importante simplesmente porque economiza seu dinheiro – é especialmente importante porque ECONOMIZA SEU TEMPO E SUA VITALIDADE.

A sobriedade é, naturalmente, uma parte da abnegação. Se você não fuma excessivamente e não bebe excessivamente – você economiza dinheiro e vitalidade. Se você não dedica um cuidado supérfluo ao vestuário – apenas a higiene e o bom senso são necessários para o sucesso –, economiza tempo e a atenção que muitos indivíduos colocam em preocupações inúteis sobre sua aparência pessoal.

O mais importante na linha da abnegação talvez seja NÃO SE PREOCUPAR COM O QUE OS OUTROS PENSAM DE VOCÊ. Tente ganhar a aprovação daqueles que valem a pena e descarte de sua mente a opinião da multidão que não significa nada para você e não pode fazer nada por você. Muitas pessoas se preocupam com a opinião dos outros e desperdiçam tempo e energia – que seriam mais do que suficientes para torná-las bem-sucedidas se fossem indiferentes à inútil opinião pública.

QUINTA: Você deve usar sua força de vontade.

O que você faz DEVE SER FEITO ABSOLUTAMENTE PELO EXERCÍCIO DE SUA PRÓPRIA FORÇA DE VONTADE. SE VOCÊ SE ENGANAR E CULPAR OS OUTROS EM VEZ DE SI MESMO, NUNCA VAI SEGUIR ADIANTE. VOCÊ DEVE SER O JUIZ MAIS SEVERO DE SI MESMO. Lembre-se de que não é suficiente DESEJAR O SUCESSO OU ADMIRAR as qualidades que produzem sucesso, você deve desenvolver essas qualidades e usá-las.

SEXTA: Você deve ser altruísta, se quiser que a sorte sorria para você.

O altruísmo é a maior e mais alta qualidade de todas. Qualquer homem que seja verdadeiramente grande em suas realizações deve ter por inspiração um desejo altruísta de ser útil aos outros. Ele pode acumular milhões, mas não será um grande homem, a menos que seja guiado pela consciência de que o primeiro e último dever de um homem é tentar tornar os outros melhores e mais felizes na Terra.

SÉTIMA: Você deve se concentrar em todos os seus esforços – em todo o seu trabalho.

Nunca é demais insistir na necessidade de concentração. Todos os tipos de sucesso no mundo dependem dela. Os jovens que pensam que a genialidade ou a sorte os levarão adiante cometem um erro terrível. A genialidade e o que chamamos de sorte SÃO concentração e nada mais.

O significado da concentração pode ser ilustrado por exemplos. Quando Abraham Lincoln era um menino, costumava ouvir a conversa dos mais velhos. Naquele novo país onde ele morava, todo mundo falava de política.

O jovem Abraham não conhecia muito sobre política na época, mas estava certo de que os homens que sabiam progrediam no mundo de alguma forma, e ele decidiu entender essas coisas por si mesmo.

Por isso, ele escutava atentamente toda vez que ouvia uma discussão política. No início, entendia muito pouco, mas escutava com mais atenção e pensava sobre o que tinha ouvido. Depois de um tempo, começou a entender. Então ele se concentrou tanto em trabalhar sobre os assuntos discutidos pelos debatedores que era capaz não apenas de entender sobre o que estavam falando, mas também de melhorar os métodos de explicar os próprios pensamentos.

Abraham viu que uma grande parte da dificuldade que havia experimentado em acompanhá-los surgiu do fato de que eles não viam claramente o que queriam dizer, nem o expressavam em linguagem clara. Ele compreendia a ideia geral de quem estava falando, dava continuidade e a elaborava em sua própria mente, colocando-a em palavras mais expressivas e remodelando-a de uma forma mais lógica, até que ela se tornava clara e cristalina. Por fim, ele surpreendia os mais velhos ao declarar as ideias deles melhor do que os próprios conseguiam afirmá-las.

Ora, ISSO ERA CONCENTRAÇÃO, e Lincoln a praticou até que ela se tornou um hábito firmado em sua mente. Isso fez dele o presidente dos

Estados Unidos e um líder lúcido na crise mais ameaçadora pela qual seu país já passou.

Certa vez havia um menino na cidade de Utrecht, filho de um trabalhador humilde, que estava determinado a obter educação. Ele mostrou tanta seriedade em sua ambição que atraiu a atenção de pessoas boas que conseguiram que fosse aceito como bolsista na Universidade de Louvain. Enquanto os estudantes que podiam pagar faziam o que lhes era exigido de uma maneira medíocre e passavam o máximo de tempo possível em diversões ociosas, ele não se contentava com as lições do dia, então pegava livros emprestados para estudar à noite. Como era muito pobre para ter velas, passava uma parte da noite estudando à luz das lâmpadas de rua ou em varandas iluminadas de igrejas. Isso também era CONCENTRAÇÃO, e o jovem erudito levou-a tão longe que foi nomeado preceptor daquele que seria o grande imperador Carlos V.

Quando James Ferguson tinha sete ou oito anos de idade, o telhado da casa de campo de seu pai na Escócia desabou, e ele viu seu pai pegar uma viga para erguer o telhado caído. O menino ficou surpreso porque a viga parecia dar a seu pai a força de um gigante. Ele observou como ela era usada, depois experimentou com varas e descobriu, sem ajuda, o princípio mecânico da alavanca.

Mas ao observar que era preciso dar à alavanca um comprimento longo demais para produzir um leve movimento do peso a ser levantado, ele raciocinou tanto sobre o assunto que inventou uma roda em um eixo para fazer mais facilmente o trabalho de uma alavanca longa. Assim, pela simples concentração da mente, esse menino descobriu por si mesmo uma grande verdade mecânica, que, ele não sabia até então, havia ocupado as faculdades inventivas de homens famosos por séculos.

O hábito de concentração mental que ele estabeleceu em uma idade tão precoce o tornou um dos homens mais célebres e influentes de seu tempo.

Esses são exemplos concretos de concentração. Eles poderiam ser multiplicados aos milhares, mas olhemos para o princípio que lhes está subjacente. Esse princípio é simplesmente ATENÇÃO EXCLUSIVA. O que faz os homens fracassarem é a dissipação da mente. Não deixe sua atenção vagar, mantenha sua mente focada no assunto que está diante dela! Continue até chegar ao fundo da questão. Evite correr de uma coisa para outra, deixando tudo pela metade! Se você está aprendendo a arremessar uma bola, concentre-se nisso até que, gradualmente, a sua mão e o seu braço pareçam ter adquirido um poder mágico sobre a bola. Você pode fazer a mesma coisa com sua mente, você pode torná-la tão eficaz pela concentração que será capaz de controlar os eventos e transformá-los em vantagem.

Mas você tem que começar! Você tem que tentar! O sucesso só vem para aqueles que o procuram, aqueles que tentam! O sucesso nunca sequer esbarrou em um procrastinador, aquele que diz: "Vou pensar nisso até amanhã". O amanhã nunca chega! Portanto, faça uso do hoje, enquanto sua luz ainda está brilhando.

Quero que você siga minhas recomendações e compre um pequeno livro, de F. W. Sears, intitulado *CONCENTRATION* (Concentração). Você provavelmente pode obtê-lo em uma livraria. Esse pequeno livro pode ser lido em menos de uma hora e lhe dará uma compreensão da concentração que você jamais teve. Ele lhe mostrará exatamente como se concentrar! Eu e minha esposa o lemos várias vezes e encontramos algo novo toda vez.

Eu também recomendo que você adquira uma cópia de *Você é aquilo que você pensa*, de James Allen. Esse livro lhe dará uma compreensão de seu poder mental, de um novo ponto de vista. Eu o li mais de uma dúzia de vezes. Ele é de grande valor prático para um estudante da vida, do sucesso e de vendas.

De tempos em tempos, à medida que você prosseguir com o seu curso, recomendarei livros bons e úteis. Não recomendarei nenhum livro que não seja de valor prático para você como estudante de sucesso e vendas. Além disso, recomendarei apenas livros que estejam dentro de suas possibilidades. Todo estudante de sucesso e vendas deve se manter bem-informado por meio de revistas e livros que tratem desses temas. Com um pequeno investimento, você pode ter os melhores livros disponíveis sobre sucesso e vendas. Ler essas publicações e analisá-las cuidadosamente é em si uma educação esplêndida. Elas manterão sua mente direcionada no campo em que você está interessado, e você pegará muitas boas ideias práticas que lhe servirão bem nos próximos anos.

Atenciosamente, para uma carreira de sucesso,

Napoleon Hill

CONSIDERAÇÕES DE GITOMER
Como implementar esta lição

Desde a Bíblia e os Dez Mandamentos, todos têm fornecido suas regras para o sucesso ou ideias sobre como ser mais bem-sucedido. Esse é um conjunto de regras sobre como VOCÊ pode melhorar. Essas regras se aplicam à vida cotidiana, bem como aos anos em seu futuro. Esta é uma lição para ler, estudar, memorizar e praticar TODOS OS DIAS.

Liste as sete regras e as classifique de 1 a 10 em seu nível de sucesso atual. Você está na lacuna entre a sua classificação e um 10. Dar passos diários para melhorar CADA UMA acabará por aproximá-lo do objetivo – mas o segredo para de fato dar esses passos está na lição anterior: DISTRIBUIÇÃO DO TEMPO. Marque compromissos consigo mesmo para criar um tempo de sucesso.

Lição número

10

Adote um "objetivo principal na vida"!

(Um bate-papo depois da aula com o Sr. Hill)

***INSIGHT* DE GITOMER:** Tenha em mente que esta lição e filosofia foram escritas vinte anos ANTES de *Quem pensa enriquece*. E este é o primeiro escrito em que o "objetivo principal" é definido. Hill estava aperfeiçoando essa estratégia de sucesso e construção de riqueza no início de sua própria carreira.

Entre as mil e uma pequenas coisas que compõem as qualificações necessárias no homem completamente eficiente está a importantíssima faculdade de trabalhar com um propósito definido em vista, ou seja, um "objetivo principal na vida".

Lembrei-me disso compulsoriamente em um verão, numa praia aqui em Chicago. Era domingo, e eu estava fazendo um pequeno passeio com minha esposa e os dois meninos. Eu estava caminhando, observando os banhistas surfando e as crianças felizes brincando na areia. Não muito longe de mim, um menino brincava com um grande cão pastor; um pouco mais abaixo, na praia, havia uma família composta por pai, mãe e filho. A criança tinha um filhote de fox terrier, e enquanto eu olhava, as travessuras dos dois cães me lembravam da vida e dos homens.

O menino com o cão pastor jogava um graveto nas ondas que quebravam e dizia ao cão para ir buscá-lo, e o nobre companheiro olhava para o rosto de seu mestre, e dava para imaginá-lo dizendo: "Fique olhando, eu vou pegar o graveto", e ele o pegava todas as vezes.

Ele mergulhava na onda e lutava para sair e trazer o graveto de volta à praia, e depois de colocá-lo aos pés de seu mestre olhava para cima com uma expressão que parecia dizer: "Aí está, eu consegui, não é mesmo?". Ele havia realizado algo; ele sabia disso e estava satisfeito, não importava que uma vez ou outra as ondas quase o arrastassem de volta à praia. Ele havia decidido que iria pegar aquele graveto, e conseguiu.

O que o pequeno fox terrier estava fazendo esse tempo todo? Ele estava observando o cão mais velho e mais sábio e se beneficiando com seu exemplo? Não, nada disso! Ele estava cavando um buraco na areia! Para quê? Ah, só para ficar cavando! Será que havia ratos ou esquilos na areia e ele os estava procurando? Não, não era o caso. Além disso, ele não saberia diferenciar um esquilo de um siri; estava apenas cavando um buraco na areia. Apenas desperdiçando sua energia e não realizando nada, e o tempo todo ele fazia um estardalhaço.

Ele cavava um pouco, latia um pouco, cavava um pouco, latia um pouco, e o simples fato de ninguém o notar não parecia incomodá-lo em nenhuma medida. Ele apenas continuava cavando e latindo, enquanto o cão pastor seguia atrás do graveto e o pegava todas as vezes.

Ele também estava cavando, mas com um propósito definido em vista, e sem fazer barulho. Cada vez que ele voltava com o graveto, recebia um afago um pouco mais carinhoso na cabeça, o que lhe assegurava que seus esforços eram apreciados. Ele estava fazendo o bem, e, oh, a satisfação disso! E então ele latia, e seu latido parecia dizer ao menino: "Jogue novamente, eu o trarei de volta; as ondas nunca são altas demais para mim".

Bem, nós quase esquecemos o filhote. O que ele estava recebendo por seu trabalho? Na maioria das vezes, não havia atenção, mas de vez em quando o notavam por tempo suficiente para lhe dar um tapa na orelha e dizer: "Pare com isso, seu bobo, você está jogando areia na comida", mas ele continuava cavando o buraco na areia e, por fim, o buraco ficou tão profundo que não conseguíamos vê-lo.

Ele estivera cavando por tanto tempo e tão persistentemente que havia desaparecido de nossa visão, e se ele não tivesse continuado a fazer aquele barulho infernal com seus latidos, teríamos esquecido que ele estava na terra dos vivos.

Será que você percebe alguma coisa nisso?

Figurativamente, o que você é? Você é um cão pastor ou um fox terrier? Você trabalha com um propósito em vista ou está cavando um buraco na areia e latindo o tempo todo enquanto escava? Se estiver, fique atento! Você pode cavá-lo tão fundo que talvez nunca saia dele, e as paredes, sendo areia, podem desmoronar, e você vai ficar soterrado sob os erros tolos do passado. Enquanto isso, o seu amigo, o cão pastor, terá se graduado no estágio de busca ao graveto porque ele demonstrou que sempre consegue o que quer quando vai atrás, e pode-se confiar nele para fazer as coisas.

E assim seguimos. Dia a dia, ano a ano, acusamos a oportunidade de ter os seus favoritos, porque ela não bate à nossa porta. O tempo todo ela está de pé diante de nós, implorando para que a abracemos. Ela se coloca ao nosso lado enquanto dormimos, e grita em voz alta: "ACORDE! ESTOU AQUI!". Mas nós permanecemos dormindo, e quando nos dizem que ela estava lá e que tentou com todas as suas forças nos acordar, esfregamos os olhos e dizemos: "Ah, ela não se esforçou muito, eu acho; por que ela não me chacoalhou?". E saímos e cavamos um pouco mais na areia.

Mas não desanime! Ela ainda está lá, agora do lado de fora da sua porta, e tudo que você precisa fazer é chamá-la e convencê-la de que você a quer, e ela entrará e provará que aquele velho ditado que diz "A oportunidade só bate à porta uma vez" é uma piada.

Cubra o buraco que você está cavando. Pare de latir. Fixe os olhos no graveto enquanto ele flutua nas ondas da vida. Vá atrás dele. E não volte até conseguir pegá-lo! Se as ondas o derrubarem vez após vez, cuspa a água, agite a cabeça e vá atrás dele; e quando você voltar para a praia, ficará mais do que feliz por ter feito isso.

Não importa o buraco que você ficou tanto tempo cavando; se voltar para procurá-lo, descobrirá que ele desapareceu. As ondas caridosas da vida suavizaram tudo na maré alta. Elas sempre farão isso quando virem que você parou. Vire as costas para esse modo de agir! Estenda os braços para a oportunidade e, enquanto passeia pelas areias da vida, com ela ao seu lado, fique de olho nas ondas que vêm do poderoso oceano e PROCURE MAIS GRAVETOS! Quando você os encontrar, VÁ ATRÁS DELES.

> *Você estará mais bem preparado para ir atrás dos gravetos depois de ler o pequeno livro* A lei do sucesso financeiro, *de Edward E. Beals.*

Deixe-me dizer-lhe como isso veio a ser uma parte de sua lição de vida. Certa manhã de domingo, eu estava a caminho de casa para escrever este "bate-papo". Do outro lado do corredor, no bonde, estava sentado um senhor que manuseava desajeitadamente um livreto de capa escura. Um estranho sentimento de curiosidade me sobreveio, então eu caminhei e me sentei ao lado dele e olhei por cima do ombro até conseguir ver o título e o nome da editora. No dia seguinte, pedi ao meu secretário que escrevesse solicitando uma cópia, que veio no devido tempo.

Quando comecei a ler, vi uma semelhança incomum entre minha própria filosofia e a do autor, para não falar da semelhança em nosso estilo de escrita. Voltei apressadamente para ver a data dos direitos autorais, acreditando que alguém havia plagiado alguns dos meus trabalhos; eis que descobri que o livreto havia sido escrito quase dez anos antes.

Eu nunca tinha visto o livreto até então, nem tinha ouvido falar dele. O motivo exato pelo qual eu fui atraído tão fortemente, mesmo antes de ver o título, é um daqueles fenômenos estranhos que não vou me comprometer a explicar. Eu experimentei cada um dos princípios que ele defende, na grande oficina da vida, e posso endossá-los de coração como sendo sólidos e práticos. Por meio da operação desses princípios, você pode adquirir não apenas dinheiro, mas qualquer coisa material que exista neste mundo.

O livreto é indicado a você neste momento porque faremos a aplicação dos princípios que ele estabelece ao longo de seu curso. Não o leia apenas uma vez. Leia-o duas, três – até uma dúzia de vezes. Marque os pontos que você pode corroborar com sua própria experiência. Isso lhe dará uma maravilhosa visão sobre a filosofia de vida em geral.

Do seu sincero amigo, para uma grande compreensão dos poderes que estão dentro de sua mente,

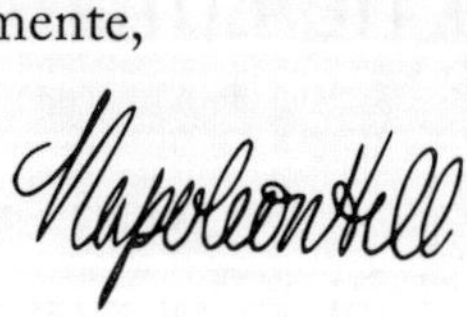

Napoleon Hill

CONSIDERAÇÕES DE GITOMER

Como implementar esta lição

Este é o momento decisivo do livro. É aqui que você se concentra e começa a se dedicar ou volta a se dedicar novamente a uma vida de excelência pessoal com um objetivo definido. Aproveite o tempo para escrever o seu propósito. Comece seu foco todas as manhãs. Permaneça no caminho até superá-lo. É isso mesmo, você alcançará e crescerá para "o que vem a seguir?". Mas a mesma regra se aplica: crie o objetivo e o propósito com dedicação e desejo, e tudo será possível.

Grande salário e pouca responsabilidade são circunstâncias raramente encontradas juntas.

– Napoleon Hill

Lição número

11

A "lei da atração harmoniosa"

(Um bate-papo depois da aula com o Sr. Hill)

***INSIGHT* DE GITOMER:** É incrível como Napoleon Hill realmente estava à frente de seu tempo. A "lei da atração" tem sido ridicularizada por mais de um século, mas aqui, com um adjetivo simples, Hill faz o leitor entender que simplesmente dizer "lei da atração" não traz clareza. Adicione "harmoniosa" à lei, e ela se torna compreensível e executável.

Uma das melhores lições sobre vendas que já aprendi foi tirada da minha experiência com o Chicago Press Club, relacionada à "Psicologia de Vendas".

A segunda melhor lição em vendas que já aprendi foi tirada de uma experiência com meus dois filhos pequenos. Todos os domingos de manhã, temos o hábito de caminhar pelo parque e ir até a beira do lago. Os meninos sempre param na barraca de amendoins na esquina e levam algumas nozes para os esquilos no parque. Nessa manhã de domingo em particular, Nap Junior pegou um saco de amendoins e Jimmy comprou uma caixa de pipoca chamada "Crispettes".

Enquanto caminhávamos pelo parque, Jimmy estendeu a mão e avançou sobre o saco de amendoins que Nap estava carregando. Ele não conseguiu pegar os amendoins e, como forma de retaliação, Nap gritou com ele e disse: "Tire a mão daqui!".

Então eu disse a Jimmy: "Agora deixe-me mostrar como obter alguns desses amendoins. Você abre sua caixa de Crispettes, oferece algumas para Nap e vê o que acontece". Jimmy fez o que eu lhe disse, mas antes que Nap aceitasse qualquer uma das pipocas, ele insistiu em abrir o saco de amendoim e despejar alguns no bolso de Jimmy.

Isso pode parecer para você uma ilustração muito simples da psicologia de vendas, e é! No entanto, desejo deixar este pensamento com você: a maioria de nós somos apenas crianças, como Nap e Jimmy, quando se trata de devolver favores. Se eu lhe fizer um favor, não faz diferença o quão pequeno seja, você ficará muito propenso a retribuir. Você pode pegar o homem mais mesquinho e mais rude que conhecer: dê-lhe uma boa reputação e deixe que ele saiba que você está disposto a ajudá-lo, e ele fará tudo o que estiver ao seu alcance para viver de acordo com essa reputação. Isso acontece em nove de cada dez casos.

O mundo é um grande espelho que reflete o que está em nosso coração e nossa mente!

Admito que, às vezes, esse espelho fica embaçado e, aparentemente, não reflete a verdadeira imagem diante dele. No entanto, você pode tirar o embaçado, polir a superfície do vidro e ver exatamente o que o mundo vê em você. Se você irradiar esperança, sol, bom ânimo e otimismo, certamente verá essas mesmas qualidades naqueles ao seu redor.

Não há nada de novo ou revelador nisso. Está de acordo com leis bem estabelecidas e geralmente aceitas da fisiologia e da psicologia.

"ASSIM COMO UM HOMEM PENSA EM SEU CORAÇÃO, ASSIM ELE É."

Essa citação é mais do que um axioma – é uma verdade científica que você e eu podemos e devemos usar. A verdade é que ESTAMOS FAZENDO USO DELA, quer percebamos ou não. Consciente ou inconscientemente, estamos criando uma condição material na vida que é uma reprodução exata daquilo que estamos criando no pensamento!

Diga-me, se puder, qualquer coisa material que o homem já criou no mundo físico, qualquer casa que ele já construiu, qualquer automóvel que ele já inventou, qualquer maquinaria que ele já desenvolveu, que a princípio não tenha sido criado pelo PENSAMENTO em sua mente ou na mente de outro!

Volte e leia novamente aquele pequeno livreto, *A lei do sucesso financeiro*, sugerido em sua última lição. Nele você encontrará toda a filosofia necessária para ATRAIR qualquer coisa que você DESEJA! O DESEJO que você mantém acima de tudo em sua mente pode ser comparado à CAUSA, enquanto o objeto desse desejo pode ser comparado ao EFEITO. Lembre-se, então, que se o efeito não for satisfatório, você deve remodelar a causa.

Eu contei essa pequena história sobre meus dois meninos como uma simples ilustração de um grande e poderoso princípio que o ajudará em tudo o que você faz, se quiser entendê-lo e aplicá-lo. Ao escrever cartas de cobrança, você pode aproveitar esse princípio de modo especial, porque a maioria das pessoas responde prontamente a sugestões amigáveis, enquanto se rebelam de maneira violenta contra a força ou ameaças de qualquer natureza.

Sim, isso será útil em muitos pontos difíceis se você se lembrar da pequena história "do amendoim e da pipoca" dos meninos. Observe a pessoa que vem até você carregada de presentes e buscando a oportunidade de agradá-lo, pois é um exímio vendedor e pode vir a ser seu concorrente. Sem sequer tentar entender o motivo, você verá que é melhor agradar do que antagonizar a pessoa a quem você pretende pedir favores. Você logo concordará que a melhor maneira de obter a cooperação dos outros é primeiro cooperar com eles ou indicar sua disposição de fazê-lo.

Se você quer favores, conceda favores!

Se você quer problemas, "comece alguma coisa" e você vai encontrar problemas! Isso está de acordo com a "Lei da Atração Harmoniosa" pela qual obtemos exatamente o que damos!

A raça humana é egoísta! Nós favorecemos os outros porque eles nos favoreceram. Falamos bem dos outros porque eles falaram bem de nós, mas basta ouvirmos uma observação crítica que alguém, que até então tínhamos na mais alta estima, faz sobre nós, e instantaneamente nossa opinião sobre essa pessoa muda.

Demonstrar disposição de perdoar alguém que foi indelicado com você não é só uma indicação segura de sua grandeza, mas também um poderoso sinal positivo de que você é um diplomata e um vendedor. A maior punição que você pode aplicar a uma pessoa que lhe causou um dano é retribuir com um sorriso e um aperto de mão feliz na primeira oportunidade. Você pode transformar um inimigo ao longo da vida em um amigo caloroso e leal em dez segundos, se primeiro eliminar do seu coração todos os sentimentos de ódio e vingança e, em seguida, fizer esse inimigo sentir que você pensa bem dele. Eu sei que isso pode ser feito porque eu tentei – não apenas uma vez, mas em várias ocasiões.

A maneira mais segura de derrotar um adversário que se aproxima de você com um espírito de raiva é responder em um tom calmo e com um espírito de amizade.

Eu não sei por que é assim, MAS EU SEI QUE É ASSIM que todos os obstáculos no caminho da vida desaparecem instantaneamente diante da pessoa que é capaz de PERDOAR E ESQUECER, da pessoa que é capaz de amar em vez de odiar!

Se você não aprendeu a realmente ver o bem que há em todos, mesmo na pessoa que injustamente o ofendeu ou tirou vantagem de você, você negligenciou o maior de todos os poderes para o sucesso. Aprenda a amar a pessoa que o prejudicou; se não for por outra razão melhor, que seja ao menos pelo fato de que isso lhe dará força e poder para ficar acima dessa pessoa.

Se você revida em pensamento e ação toda vez que alguém o prejudica, essa pessoa está rebaixando você ao nível dela. Está trazendo você para o patamar dela. Está dominando você. A força de vontade dela é mais forte do que a sua. Por outro lado, se você não permite poluir sua mente e descolorir a beleza de sua alma só porque alguém o fez, você tem uma sabedoria infinitamente maior do que a outra pessoa e, por sua vez, exercerá um poder infinitamente maior do que ela seria capaz.

Para controlar os outros, você deve primeiro aprender a controlar a si mesmo!

Uma das maldições da humanidade é a falta de autocontrole – a disposição de revidar toda vez que outra pessoa nos dá motivo para nos ofendermos. Se não fosse pela intolerância, o mundo estaria mil anos à frente do nosso atual estado de civilização!

Livre-se dessa atitude combativa! Ela não tem lugar nesta civilização do século 20. Ela pertence à Idade da Pedra. Temperamentos descontrolados têm sido um obstáculo que impede milhões de homens de terem acesso a um sucesso cada vez maior.

"Primeiro os deuses enlouqueciam quem eles iriam destruir."

Não me lembro de quem é essa filosofia, mas EU SEI que é sólida.

É claro que você deve conhecer a verdade desses princípios tão bem quanto eu, mas se por acaso duvidar deles, em parte ou no todo, basta experimentá-los. Vá até a pessoa que tem o hábito de passar por

Se você quer favores, conceda favores!... Isso está de acordo com a 'Lei da Atração Harmoniosa' pela qual obtemos exatamente o que damos!

– Napoleon Hill

você com o nariz empinado, pare na frente dela, estenda a mão e faça-a apertá-la! Deixe-a ver pelo brilho em seus olhos e pelo aperto de sua mão que você está sendo sincero. Há grandes chances de que ela fique de queixo caído e de boca aberta, olhando para você com espanto. Ela verá claramente que você é um homem superior, e nas profundezas secretas de seu coração, ela vai querer imitá-lo.

E DA PRÓXIMA VEZ QUE ELA O ENCONTRAR, ELA O FARÁ!

Ela não vai deixar você "superá-la" em educação. Talvez ela não raciocine exatamente dessa maneira, mas é isso que acontecerá na mente dela, esteja consciente disso ou não.

Eu lhe digo, meu amigo, que você está criando sua própria atmosfera aonde quer que vá. Ou você está fazendo as pessoas o admirarem, fazendo com que elas queiram servir-lhe, ou você está fazendo com que elas não gostem de você e se afastem. Seja o que for, você é a pessoa responsável por isso.

Tenha pensamentos corretos, e seus atos estarão em harmonia com seus pensamentos. Se seus atos exteriores estiverem certos, atrairão as pessoas para você.

Suponha que você seja um empregado e sinta que seu empregador foi indelicado e desvalorizou seus serviços! Homem do céu! Você não consegue perceber que está no controle da situação e que você o faz ficar apavorado sob as suas ordens?

COMO?

Agora peço a você que responda a essa pergunta. Pense nisso e depois experimente. Como uma mera sugestão para um começo, suponha que você comece e por alguns dias faça mais trabalho e com qualidade melhor do que tem o hábito de fazer. Se você deve chegar às 8h30 e sair às 17h30, mude suas horas durante esse experimento e chegue lá às 8h e saia às 18h. Faça não apenas as coisas que deve fazer, mas saia de sua rotina e execute também o que não se espera de você.

Vá ao seu empregador quando tiver alguns minutos de tempo livre e peça permissão para assumir algumas responsabilidades adicionais. Claro, ele vai parar e olhar para você com espanto, e possivelmente vai pedir que você repita para se certificar de que ele o entendeu, mas faça isso e depois execute bem qualquer trabalho adicional que ele lhe dê para realizar.

Prossiga nesse sentido por uma semana ou mais. Se você tem o hábito de falar um pouco do seu empregador, mude sua atitude e, durante esse experimento, fale dele nos termos mais elevados. Fale dele com frequência. Deixe-o saber que você está falando dele dessa forma elogiosa. Deixe seus colegas de trabalho saberem disso. Se você fizer um experimento honesto como esse, verá um milagre em pouco tempo. O seu empregador começará a mostrar parcialidade em relação a você. Fará de tudo para lhe dizer uma palavra amável.

Se você mantiver esse "experimento" por tempo suficiente, logo aprenderá algo sobre a "Lei da Atração Harmoniosa". Além disso, você estará no caminho para uma posição maior ou para uma parceria no negócio; se não com o seu empregador atual, então com algum outro que terá ouvido falar de sua ação "estranha". Sim, estranha – tão estranha que raramente acontece. Você terá pouca concorrência nesse experimento. Mas alguns homens tentaram, apenas alguns, como Carnegie, Hill, Rockefeller, Schwab, Vanderlip, Harriman, Edward Bok e outros desse tipo.

"TUDO O QUE PLANTARES, TAMBÉM COLHERÁS."

Essa citação é tão verdadeira hoje como era há dois mil anos. Ela funcionará tão bem agora quanto antigamente.

Cordial e atenciosamente, do seu amigo,

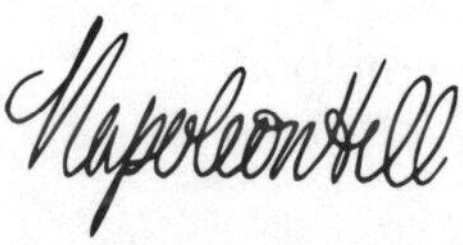

Napoleon Hill
80 East Randolph St.
Chicago, EUA

CONSIDERAÇÕES DE GITOMER

Como implementar esta lição

Atração harmoniosa significa encontrar pessoas que correspondam à sua filosofia, correspondam à sua ética, tenham um coração pronto a servir e potencial para um relacionamento a longo prazo. Ela redefine o que você veio a conhecer como "A Lei da Atração". Esta é de longe a mais fácil das lições a serem implementadas – suas ações atrairão o que há de melhor, se você for o melhor.

"Consciente ou inconscientemente, estamos criando uma condição material na vida que é uma reprodução exata daquilo que estamos criando no pensamento!"

– Napoleon Hill

A ambição é a grande arma com a qual você deve lutar para chegar até o topo.

– Napoleon Hill

Lição número

12

Como vender a si mesmo e seus serviços

(Um bate-papo depois da aula com o Sr. Hill)

***INSIGHT* DE GITOMER:** A questão aqui é fazer a venda mais importante, vendendo a si mesmo. O primeiro a ser vendido é o vendedor. Se o cliente, ou o prospecto, ou o banco, não comprar você, nada mais que você disser importa. Eis aqui o guia pessoal de Hill, com base em suas incríveis habilidades de comunicação, persuasão e venda. Observe a visão sobre a natureza humana e o quão significativo é o papel que ela desempenha.

Suponho que nada seja de maior interesse para todos nós do que o conhecimento de COMO VENDER NOSSOS SERVIÇOS por mais dinheiro. Em primeiro lugar, para obter mais, temos de dar mais. Em alguns casos, devemos dar maior quantidade; em outros, melhor qualidade; e em outros ainda, maior quantidade e melhor qualidade de serviço.

Como regra geral, não recebemos mais do que o preço que atribuímos aos nossos serviços. Nenhum comerciante jamais vendeu por US$ 30 uma peça de roupa com a etiqueta de US$ 25. Nenhum homem jamais ganhou um salário de US$ 1,8 mil após ter combinado que iria receber apenas US$ 1,2 mil.

Eu comecei como operário a US$ 1 por dia. Por meio dos esforços de um homem que me deu coragem, inspiração e autoconfiança, tornei-me um estenógrafo e fui trabalhar a US$ 10 por semana. Logo a ambição começou a chamar, e eu aumentei meu preço para US$ 50 por mês. Eu não entendi imediatamente, mas acabei conseguindo. Lembre-se, no entanto, que eu não recebia US$ 55 – apenas US$ 50, o preço que eu havia definido. A ambição começou a me cutucar um pouco mais, então aumentei meu preço para US$ 75 por mês. Logo eu estava recebendo US$ 75 – mas não US$ 80 ou US$ 90. Então eu aumentei o preço novamente para US$ 100 por mês, e logo eu estava recebendo exatamente esse valor, mas não mais.

Eu comecei a ganhar autoconfiança muito rapidamente, aumentei meu preço para US$ 150 por mês, e logo eu estava recebendo esse valor, mas não mais. A seguir, aumentei o preço para US$ 2 mil por ano e consegui. Depois, para US$ 2,5 mil, e logo eu estava recebendo exatamente essa soma. Ali mesmo foi onde comecei a "me encontrar". Em seguida, aumentei meu preço para US$ 5 mil por ano e, dentro de seis meses depois de decidir aumentar o preço, eu estava recebendo exatamente essa soma.

Mas há um detalhe que eu não gostaria que você perdesse – A PARTIR DO EXATO MOMENTO EM QUE ELEVEI MEU PREÇO PARA UM VALOR MAIS ALTO, COMECEI A ACREDITAR QUE EU VALIA MAIS E A FAZER O

MEU MELHOR PARA REALMENTE VALER MAIS! Todos os meus pensamentos e ações tinham uma tendência a me tornar mais eficiente toda vez que eu aumentava meu preço.

NOTA DE GITOMER: Em janeiro de 1996, eu havia acabado de aumentar minha taxa de cada palestra de US$ 5 mil para US$ 6 mil. Por coincidência, encontrei o meu amigo e editor do *Business Journal*, Mark Ethridge, no aeroporto de Charlotte. Ele foi o primeiro a publicar minha coluna no jornal (1992) e me expôs ao mundo dos negócios. Nós dois estávamos voando para Dallas. E estávamos sentados juntos! Coincidência? Eu não acredito em coincidências. "Quanto você está cobrando por palestra este ano?", ele perguntou. "Acabei de aumentar o preço para US$ 6 mil", eu disse com orgulho. "Quanto era no ano passado?", ele perguntou. "US$ 5 mil", respondi. "Você está 20% melhor neste ano?", ele perguntou. "Hum, eu, ah, não sei", gaguejei. "O seu preço está em sua cabeça", disse ele com naturalidade. Isso foi em 10 de janeiro. Voltei para casa de Dallas e imediatamente aumentei minha taxa para US$ 7,5 mil. Eu fiz cem palestras naquele ano, ganhando US$ 150 mil a mais, com base na "crença interna". Hill acertou em cheio – faça o seu dinheiro. Eu fiz.

Quando um funcionário começa a prestar um melhor serviço, via de regra, ele ou ela logo atrai a atenção daqueles que têm autoridade para aumentar os salários.

“

Se você não está em um ramo de negócios que renderá um preço mais alto para o tipo de trabalho que está realizando, você conhece a solução. Saia e entre em algum outro negócio.

– *Napoleon Hill*

”

O Sr. Andrew Carnegie nos lembra, em um artigo que ele escreveu sobre o assunto, que simplesmente prestar bons serviços não é suficiente – que devemos ATRAIR A ATENÇÃO de nossos superiores. Pessoalmente, acredito que uma boa maneira de atrair a atenção é prestar serviços que são apenas um pouco melhores em qualidade e maiores em quantidade do que estamos realmente sendo pagos para prestar.

Mas concordo que isso nem sempre é suficiente. Alguns empregadores têm uma visão muito limitada quando se trata de ver os esforços de um funcionário no sentido de prestar mais e melhor serviço. Às vezes, esses empregadores devem ser lembrados de seu dever. Em outros casos, temos que procurar empregadores cuja visão seja melhor.

O meu plano sempre foi prestar um serviço que me satisfizesse e valesse mais dinheiro, antes de pedi-lo. Se você não pode dar uma boa razão para receber um aumento, não peça. Coloque-se na posição do empregador. Pergunte a si mesmo o que você faria se fosse ele. Esse teste geralmente nos dá uma estimativa bastante precisa do nosso próprio valor.

Muitos estão envolvidos em um tipo de trabalho cuja natureza não permite uma maior remuneração. Nesses casos, a única coisa a fazer é entrar em uma área mais ampla, onde há mais oportunidades. Olhe para a frente um, dois, três ou cinco anos e veja exatamente o que há no seu cargo atual, na hipótese de que prestará o serviço que é adequado em QUALIDADE E QUANTIDADE. Se você não vir um horizonte claro, pode ser bom selecionar outra área agora. Não se permita ficar satisfeito consigo mesmo. A ambição é a grande arma com a qual você deve lutar até atingir o topo. Estabeleça o seu preço. Se você não está em um ramo de negócios que terá um preço mais alto para o tipo de trabalho que está realizando, você conhece a solução. Saia e entre em algum outro negócio.

Muito cordialmente, seu amigo,

Napoleon Hill
80 East Randolph Street
Chicago, EUA

O caminho que leva à felicidade tem seu início tão perto de onde você está neste exato momento que talvez você não o veja. O início está em seu coração e cérebro, onde você pode se apossar dele, se quiser!

– Napoleon Hill

CONSIDERAÇÕES DE GITOMER

Como implementar esta lição

O que de VALOR você traz para os outros? Que sabedoria você está fornecendo sem expectativa de retorno? O que você vale como pessoa? É essa a remuneração que está recebendo? Talvez você não esteja entregando um valor ou serviço melhor do que é pago para entregar. Você pagaria o que recebe? Como você pode aumentar o valor pessoal que oferece ao seu empregador? Hill diz, mais de uma vez, para prestar um serviço melhor do que esperam de você. Você está fazendo mais do que o esperado? Ou ainda está ostentando a filosofia do perdedor: "Eles não me pagam o suficiente..."? A escolha é óbvia para mim. E para você? O serviço vem do seu coração – não da sua cabeça. Serviço não é uma política, é uma PESSOA! Seja essa pessoa e você será vitorioso nas vendas e na vida.

Imagine em sua mente o objetivo – o alvo final que você está se esforçando para alcançar. Então, por meio do poder do desejo forte, concentre todos os seus esforços nesse objetivo até alcançá-lo.

– Napoleon Hill

Lição número

13

Descoberta; coisas, vida e felicidade

(Um bate-papo depois da aula com o Sr. Hill)

***INSIGHT* DE GITOMER:** A autodescoberta é o tema que está na base desta lição. Hill revela a maravilha de "encontrar-se" e os elementos (bons e ruins) daquilo que faz isso acontecer. As revelações nesta lição são tanto para melhorar a vida quanto para mudá-la, mas somente se você estiver disposto a se analisar de perto.

O sol desaparece além do horizonte ocidental. Pressionamos um botão e temos algo equivalente porque Edison descobriu a luz elétrica incandescente.

Um operador toca uma tecla e, com alguns movimentos da mão, dispara uma mensagem para um navio no meio do oceano, ou para uma estação receptora do outro lado da Terra – porque Marconi descobriu a telegrafia sem fio.

Uma jovem mulher sobe a uma altura de milhares de metros no ar, e dentro de algumas horas voa de Chicago para Nova York, 1,6 mil quilômetros, porque os irmãos Wright descobriram o avião.

Com a descoberta do submarino, podemos nos sentar confortavelmente no fundo do oceano e observar os estranhos monstros marinhos.

Com a descoberta do raio X, podemos tirar uma fotografia do interior do corpo humano.

Com a descoberta do automóvel, podemos acelerar sobre o solo a uma velocidade de 160 quilômetros por hora.

Todas essas coisas maravilhosas foram descobertas durante o século 20. Elas estavam aqui o tempo todo, mas ainda não as havíamos descoberto.

Mas essas notáveis descobertas mecânicas não são de forma alguma a maior descoberta do século 20. Fizemos outra descoberta, que supera em muito todas elas.

Descobrimos como ser felizes!

Essa descoberta foi feita por uma senhora idosa cujo sopro de vida havia quase expirado. Seu nome era Mary Baker Eddy.

Lembre-se, essa pequena senhora não "inventou" nada; ela apenas "descobriu" um poder maravilhoso que existe desde que o primeiro homem foi criado.

Graças a essa descoberta, podemos desfrutar dos direitos que cabem a todo ser humano normal, se quisermos!

Mencionamos essa descoberta por último porque acreditamos que seja a maior descoberta de todas!

Que mera engenhoca mecânica pode se comparar com a descoberta de um poder pelo qual podemos banir o medo, a preocupação, a pobreza, o crime e a doença?

Você é igual a qualquer ser humano. A sua mente é brilhante e ativa. O seu corpo é forte e saudável. A sua visão e sua audição são perfeitas. Você tem uma escolaridade razoável. Você pode entrar em uma biblioteca pública e usar as informações coletadas por homens estudiosos que viveram antes de você, sobre qualquer assunto.

No entanto, você se preocupa e se inquieta com problemas que não existem em nenhum lugar, exceto em sua mente! Você se preocupa por medo de perder o seu cargo. Você se inquieta porque não está recebendo o salário que gostaria, ou porque sua empresa não está crescendo tão rápido quanto deveria, ou porque você não tem tanto dinheiro quanto deseja.

Você se preocupa porque as pessoas não concordam com você. Você reclama porque seu empregador não administra os negócios dele da maneira que você acredita que ele deveria.

Você despreza aqueles que não acreditam no mesmo que você em relação à religião. Você odeia seus vizinhos porque eles são "estrangeiros", nascidos no local de onde seus próprios antepassados vieram.

Você é malsucedido e infeliz! Há milhões de outros como você, todos em busca da felicidade, assim como você está fazendo.

O caminho que leva à felicidade tem seu início tão perto de onde você está neste exato momento que talvez você não o veja. O começo está em seu coração e cérebro, onde você pode se apossar dele, se quiser!

Cada um de nós deve descobrir esse caminho por si mesmo! Ninguém pode descobri-lo por nós.

Mas há uma regra a ser seguida que nos leva a essa descoberta. É a seguinte:

Olhe para o mundo como um espelho no qual você pode ver uma reprodução exata do seu verdadeiro eu, assim como você é. Tendo essa verdadeira semelhança como modelo, você pode se remodelar de tal forma que parecerá ao mundo exatamente como deseja parecer. Esse é o primeiro passo.

Agora, em sua imaginação, desenhe uma imagem da pessoa que você deseja ser. Se o seu desejo for forte e persistente, você logo se assemelhará a esse desenho imaginário. Você refletirá essa imagem àqueles ao seu redor, e eles também a verão.

Vamos supor que você deseja se tornar um vendedor de sucesso. Você deseja que seus clientes vejam em você uma personalidade magnética. Você deseja que eles sigam suas sugestões. Você deseja que eles comprem seus produtos e voltem para comprar mais. Você deseja manter a amizade deles. Você deseja que eles confiem em você.

Como você vai trazer essa condição? Ora, isso é fácil de responder!

Primeiro, você vai entender que o mundo vê em você exatamente o que você de fato é. E que a maneira de fazer com que outras pessoas o admirem e tenham confiança em você começa em moldar a si mesmo para que você as admire e tenha confiança nelas!

Você vai entender que outras pessoas "percebem" pensamentos, humores e sentimentos, e quando você entende isso logo, passa a ter apenas tais pensamentos e terá, em relação aos outros, apenas os sentimentos que deseja que eles tenham por você.

Tão certamente quanto as vibrações elétricas viajam para fora de um aparelho de transmissão sem fio e são capturadas e registradas em um instrumento devidamente sintonizado a milhares de quilômetros de distância, assim também os seus pensamentos são "sentidos" e registrados por aqueles com quem você interage.

Ceticismo gera ceticismo; ódio gera ódio; dúvida gera dúvida. E com a mesma certeza, o amor gera amor, e a fé gera fé.

Um empregado odeia seu empregador, e imediatamente cada ato e cada expressão facial dele telegrafa seus pensamentos para o empregador e seus colegas de trabalho.

Foi descoberto pela ciência que uma pessoa zangada, a cada respiração, emite veneno suficiente para matar uma cobaia. A raiva e o ódio não apenas poluem o seu maquinário mental, mas também envenenam seu corpo físico. Do mesmo modo que uma gota de anilina colore um barril inteiro de água, assim também um pensamento irado se revelará em cada ato e em seu próprio rosto. E ele não para por aí; irá se estender e contaminar aqueles ao seu redor.

Até que você aprenda a ver algo de bom em cada ser humano, sejam amigos ou inimigos, você nunca descobrirá o caminho para a felicidade!

Quando a dúvida, a preocupação, o medo, o ceticismo, o ódio e a desconfiança entram furtivamente em sua mente, o caminho para a felicidade se torna invisível.

NOTA DE GITOMER: O pensamento negativo e as expressões negativas bloqueiam o pensamento criativo e o pensamento positivo.

Agora mesmo, você está procurando essa grande rodovia! Antes de olhar mais adiante, primeiro decida exatamente aonde você deseja que ela o leve. Imagine em sua mente o objetivo – o alvo final que você está se esforçando para alcançar. Então, pelo poder do desejo forte, concentre todos os seus esforços nesse objetivo até alcançá-lo.

Lembre-se, o caminho para a felicidade tem apenas uma direção; e esse caminho é através do campo de serviço à humanidade! A estrada será mais alegre e mais fácil de viajar se levar outras pessoas com você em sua jornada.

O seu caminho para a felicidade pode direcioná-lo a um negócio ou a uma profissão de sucesso. Ele pode levar à gestão de vendas, à presidência de empresa ou a uma sociedade, mas lembre-se de que você pode encurtar a distância por meio de um serviço útil à humanidade.

Cordial e atenciosamente, do seu amigo,

Napoleon Hill
80 East Randolph Street
Chicago, EUA

CONSIDERAÇÕES DE GITOMER
Como implementar esta lição

Como você pode ver e aprender com esta lição, ao olhar para si mesmo e por si mesmo, tudo é uma escolha. Você escolhe qual caminho toma e quem você procura se tornar. A minha recomendação é escolher o caminho que leva ao que você ama. E cerque-se de pessoas que o apoiam e que pensam o mesmo. Hill trata de forma eloquente e perspicaz as escolhas entre felicidade e infelicidade. Escolha a felicidade e a positividade como seu objetivo número um, e todo o resto se encaixará. Observe também que esta (talvez por coincidência) é uma lição da "sorte" de número 13. Por quê? Porque quanto mais você trabalhar no que ama, mais sortudo você se tornará.

"O caminho que leva à felicidade tem seu início tão perto de onde você está neste exato momento que talvez você não o veja. O início está em seu coração e cérebro, onde você pode se apossar dele, se quiser!"

– Napoleon Hill

Torne-se um homem de sucesso e desenvolva-se mentalmente. Não é possível permanecer nesse ramo de negócios e ficar parado ou retraído. Naturalmente, não lhe será possível fazer isso. Você tem que continuar crescendo.

– *Napoleon Hill*

Lição número

14

"Sorte *versus* garra!"

(Um bate-papo depois da aula com o Sr. Hill)

***INSIGHT* DE GITOMER:** Esta é uma história verdadeira de cem anos atrás que poderia ter acontecido ontem. E poderia ter acontecido com você, SE você estivesse disposto a agir. Leia com atenção e pergunte se o herói poderia ter sido você.

Algumas semanas atrás, um jovem estava voltando para casa no vagão de fumantes, em um trem da Illinois Central Railroad.

O carro era "encardido", como a maioria dos carros de fumantes, e mal iluminado, como são todos os carros suburbanos da Illinois Central. Apenas três luzes amarelas fracas de gás estavam queimando. Um inspetor atravessou o carro e desligou uma delas.

Vinte e cinco ou trinta homens de negócios estavam sentados no carro tentando ler seus jornais noturnos. A ação do inspetor os deixou com raiva – naturalmente! Dava para ver isso, pelas expressões em cada rosto.

Um sujeito grande, de rosto vermelho vivo e sadio, que estava assentado com o jovem, disse-lhe: "Pena que alguém não faça algo em relação a essas luzes fracas". "Sim", disse o jovem, "é muito ruim, não é? Bem, amanhã alguém fará algo a respeito!"

Então ele se levantou e falou rapidamente com seus companheiros de viagem, contando-lhes da conversa que acabara de ter com o homem com quem ele dividia seu assento. E sugeriu que todos se juntassem em um movimento para "fazer alguma coisa" sobre as luzes fracas.

Foi então que nasceu uma "Comissão de Cidadãos", tendo o jovem como líder e presidente.

No dia seguinte, o jovem ligou para o presidente da Illinois Central Railroad Company e fez vigorosas reclamações sobre o fraco sistema de iluminação de seu vagão ferroviário. O presidente se recusou a prometer uma solução imediata.

Naquela noite, quatro homens ficaram plantados em cada uma das estações do centro da I.C.R.R., e vinte mil passageiros receberam folhetos, pedindo a ajuda para forçar um serviço melhor.

No dia seguinte, cartas foram endereçadas aos vereadores da cidade de Chicago, solicitando sua cooperação na aprovação de portarias adequadas para a melhoria dos sistemas de iluminação nos trens da I.C.R.R. que operavam dentro dos limites da cidade.

No final da semana, o governador Lowden havia sido entrevistado por esse jovem, com o propósito de recrutar sua ajuda, por meio da Comissão de Serviços Públicos do Estado, na melhoria dos sistemas de iluminação nos trens I.C.R.R. que operam no Estado de Illinois.

O *Chicago Tribune* e o *Chicago Daily News*, dois dos maiores jornais diários, assumiram a luta contra a Illinois Central Railroad Company.

Por meio de cartas, telefonemas e visitas pessoais, homens e mulheres que usavam os trens da Illinois Central Railroad entraram em contato com esse jovem e prometeram cooperar com ele.

Um Comitê de Cidadãos o chamou e o convidou para se tornar candidato ao Senado Estadual.

Ele se tornou conhecido da noite para o dia, quase, pelos 2,5 milhões de pessoas que constituem a população da cidade de Chicago.

Um de seus amigos admiradores ligou para ele e disse: "Parabéns por sua boa sorte!".

Deus do céu! Sorte!?

Esse amigo admirador se esqueceu de que houve um fato. Foi garra em vez de sorte. Ele simplesmente usou sua "caixa de pensamento" em vez de um pé de coelho.

Quando aquele grande sujeito de rosto vermelho, que dividia com ele o assento no carro de fumantes naquela noite, olhou para cima e suspirou, dizendo, "alguém deveria fazer algo a respeito", esse jovem concordou com ele. Mas ele não se limitou a simplesmente concordar – ele decidiu ser esse "alguém".

Amigo, vale a pena se lembrar dessa narrativa, porque um dia você terá sua chance de ser "esse alguém".

Quando a oportunidade bater à sua porta com tanta força a ponto de quase arrombá-la, não diga "alguém deveria fazer algo sobre isso!". No lugar, diga: "Eu mesmo serei esse alguém". E você pode fazê-lo!

O jovem a quem me refiro está no limiar de uma estrada que conduz à política, se optar por entrar nessa área.

Não por sorte, mas porque ele "produziu uma oportunidade" do que teria parecido ao homem comum apenas uma fofoca ociosa da parte de outro passageiro.

O jovem a quem me refiro é um publicitário. Por meio de seu trabalho nessa área, ele aprendeu a analisar homens e coisas. A sua mente se tornou afiada e alerta para detectar oportunidades.

Essa é uma das belezas da grande obra que você começou. Ela o ensina a ser analítico. Dá a você uma rápida compreensão do ambiente. Ela o leva a estudar inconscientemente a causa e o efeito.

Faz de você um estudante perspicaz da natureza humana. Ela o capacita a sentir o tempo "oportuno" para a ação. Deixa você entusiasmado com tudo o que empreende. Dá autoconfiança, esperança, fé, persistência e determinação.

Torne-se um homem de sucesso e desenvolva-se mentalmente. Não é possível permanecer nesse ramo de negócios e ficar parado ou retraído. Naturalmente, não lhe será possível fazer isso. Você tem que continuar crescendo.

Você está feliz por ter começado este curso. Você já viu uma grande melhoria em si mesmo. E todos nós que estamos guiando você nos pontos difíceis também vimos. Crescemos em proporção à medida que ajudamos você a crescer.

Um dia desses, você será um gerente de vendas de sucesso. Você será dono de sua própria casa. Você dirigirá seu próprio automóvel. A sua família será provida de todas as necessidades da vida e de muitos luxos também. Você terá uma conta bancária que crescerá constantemente.

Então surgirá alguém e dirá: "Como ele tem sorte!". Ah, sim, "ele teve sorte", tudo bem. E quando você ouvir isso, pensará, "pobre simplório", enquanto se dirige até o banco para depositar o "ganho" do seu dia.

Cordialmente, de quem lhe deseja tudo de bom,

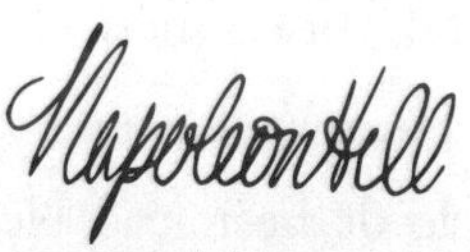

Napoleon Hill
Diretor de Ensino
George Washington Institute
Chicago

CONSIDERAÇÕES DE GITOMER
Como implementar esta lição

Fazedor ou não fazedor – qual deles você é? Quarenta anos atrás, eu estava andando no carro com um dos meus mentores mais admirados: Mel Green, fundador da Advance Process Supply. Na época, Mel tinha o negócio de equipamentos e suprimentos têxteis mais bem-sucedido do mundo. Tive a sorte de me tornar seu amigo e, pelo valor que agreguei a ele, de ser tratado como um filho. Era cedo na manhã gelada do inverno de Chicago. Estava chovendo granizo enquanto seguíamos para uma reunião matinal. Mel havia acabado de lançar um produto de tinta que fez tanto sucesso que eles não conseguiam produzi-lo rápido o suficiente. Eu disse: "Mel, você é incrível. Tudo o que você toca ou produz se transforma em ouro. Você é a pessoa mais sortuda que eu já conheci". Sem um segundo de hesitação, ele respondeu com palavras de sabedoria às quais eu recorro todos os dias: "Jeffrey, o trabalho duro produz sorte".

Se você está procurando ter sucesso além de seus sonhos mais loucos, a fórmula é simples:

> *"Encontre algo que você ama, acredite que terá sucesso e trabalhe mais do que acredita ser possível. O resultado o levará do sucesso à realização."*
>
> *– Jeffrey Gitomer*

Supervisione os seus ajudantes, cuide para que eles não falhem com você. A imaginação já fez a parte dela. O desejo cumpriu a parte dele. Mas você deve supervisionar o entusiasmo, a autoconfiança e a concentração. Se eles falharem com você, o seu edifício ruirá.

– Napoleon Hill

Lição número

15

Imaginação, desejo, entusiasmo, autoconfiança e concentração

(Um bate-papo depois da aula com o Sr. Hill)

***INSIGHT* DE GITOMER:** Essas palavras do título são todas ótimas e abrangentes individualmente. Hill consegue entrelaçá-las e vai mais fundo em questionar do que você é feito à medida que ele define cada palavra. O que está em sua essência, e como você pode melhorar seus princípios e desejos para alcançar maiores alturas e maior sucesso? E para entender completamente a genialidade desta lição, é preciso ter um olhar mais atento à época em que ela foi escrita: cem anos atrás. O "impulso mental" estava no cerne dos ensinamentos e das realizações de Hill

> – sem computadores, sem aviões, sem TV, sem *smartphones* e sem muitas estradas pavimentadas. Napoleon Hill estava no limiar do desenvolvimento pessoal e da liderança, e ele desafiou todos que conheceu a se tornarem melhores, mais felizes, mais focados, a trabalhar duro e a saber, no íntimo do coração e da mente, que eles iriam vencer.

As palavras a seguir são o tijolo e a argamassa com os quais você pode construir uma carreira de sucesso.

A **imaginação** é o arquiteto com o qual você traçará planos para o seu edifício de sucesso.

O **desejo** é a pedra fundamental com a qual você deve começar a construir o seu sucesso.

O **entusiasmo** é a força dinâmica que manterá o seu arquiteto trabalhando. Ele não permitirá atrasos até que seus planos sejam desenhados nos mínimos detalhes.

A **autoconfiança** é o mestre de obras que manterá as suas outras forças em ação.

A **concentração** é o seu empreiteiro e construtor – o supervisor do mestre de obras e de todas as outras forças –, o comprador de materiais e suprimentos.

O seu edifício foi iniciado. Você o chamou de Sucesso. Agora fique atento para que nenhum material barato seja usado, e que todas as suas forças realizem um trabalho eficiente e de confiança.

Você tem a última palavra. E quem é você? Por que você é o proprietário do edifício, quando ele estiver concluído? Você é a pessoa que paga as contas dos materiais e do trabalho desse novo edifício que está construindo.

Você é o supervisor final de todo o trabalho.

Supervisione os seus ajudantes, cuide para que eles não falhem com você. A imaginação já fez a parte dela. O desejo cumpriu a parte dele. Mas você deve supervisionar o entusiasmo, a autoconfiança e a concentração. Se eles falharem com você, o seu edifício ruirá.

Esse é um edifício importante que vocês começaram. Não é um mero galpão. Ele deve ser uma edificação permanente, e será se você tiver cuidado com a construção. Ele lhe trará uma renda capaz de lhe fornecer tudo de que você precisa ou pode usar neste mundo.

Ele lhe proverá os quatro bens materiais que quase todas as pessoas normais querem, a saber:

1. Uma casa construída em um pequeno terreno que você pode chamar de sua.
2. Uma renda independente em um negócio que você pode chamar de seu.
3. Uma conta bancária que se tornará um pé-de-meia para quando você estiver pronto para se aposentar.
4. Um automóvel.

Ah, sim! E há outra coisa que sua estrutura de sucesso proverá, se você a construir de forma adequada:

UMA OPORTUNIDADE DE SERVIR À HUMANIDADE E DE TORNAR ESTA PARTE DO VELHO GLOBO ONDE VOCÊ ESTÁ DE PASSAGEM UM POUCO MELHOR DO QUE VOCÊ A ENCONTROU!

Não seja um desistente! Qualquer um pode ser isso, e muitas pessoas o são. Quando você esmorece no trabalho, o mestre de obras, o empreiteiro e o construtor ficam relapsos, e as outras forças entram em greve.

Você tem que completar esse edifício. Há uma boa razão para você fazer isso. Talvez várias. Eu não posso dizer exatamente quais são essas razões. Talvez seja por causa da mãe de cabelos grisalhos que o trouxe ao mundo. Talvez seja pelo seu bebê de rosto doce – já aqui ou por vir. Talvez seja pelo amor de sua vida por quem você tem esperado. Talvez tudo isso junto.

Você é capaz de completar esse edifício, e você vai! Você não vai permitir que nenhuma força negativa se infiltre, deslize pouco a pouco para dentro de sua boca e o utilize para um exaustivo cargo de secretário.

Você vai se ater a apenas uma coisa agora: a ambição! Ela o levará a completar o maravilhoso edifício que você começou. Ela não permitirá que você fique parado, que volte atrás ou desista.

Apenas o fraco permite que os demônios e os espíritos maléficos se infiltrem e destruam a sua autoconfiança e ambição!

Você não é fraco!

O exame de análise pessoal pelo qual você passou com sucesso e com uma média alta é que me diz isso. Eu sei mais sobre você do que você imagina.

Eu sei que você não é do tipo que desiste por desespero. Se fosse, provavelmente não teria sido admitido para este curso. Não, você não desiste!

Acredito nisso, de todo o coração. E continuarei a acreditar.

Não se esqueça de pensar tão bem de si mesmo quanto eu penso de você!

Você está entrando em uma grande profissão, que de forma alguma atingiu o ápice de sua grandeza. Há uma razão econômica para a existência da profissão em que você está entrando. Como um construtor de planos de vendas e merchandising, você não será um parasita humano. O dinheiro que você ganha não será retirado do que outra pessoa produziu. Será a sua parte do que você ajudou a criar.

A distribuição econômica das mercadorias do mundo é um dos grandes problemas do seu tempo. Ela está se tornando um problema maior à medida que a concorrência aumenta.

O papel que você desempenha na resolução desse grande problema talvez não seja insignificante. Isso, no entanto, dependerá de quão bem você desenvolver seus colegas de trabalho – o desejo, a imaginação, o entusiasmo, a autoconfiança e a concentração.

Ao longo deste curso, vamos ensinar-lhe tudo o que pudermos sobre o mecanismo do sucesso. Vamos ensiná-lo a usar esse maravilhoso laboratório que existe em sua cabeça. Então, dentro de um curto espaço de tempo, você será capaz de recorrer a esse laboratório para todos os planos de vendas construtivos e as ideias de que você precisa.

Você extrairá deste curso apenas o que investiu nele. Por mais que os seus instrutores possam fazer algo por você. Inspecione cuidadosamente o que você investe nele.

O grande propósito do Instituto George Washington é ensinar homens e mulheres a pensarem com precisão. Para esse fim, estamos constantemente à procura de material que nos ajude em nosso trabalho.

Hoje eu li um editorial no *Chicago Examiner* que traz um bom material para reflexão. Vou citá-lo, mas primeiro deixe-me descrever a imagem que o acompanhou. No centro havia um grande dinossauro (um animal pré-histórico extinto, considerado a maior espécie que já habitou a Terra). De um lado desse grande animal estava um homem moderno, e do outro, um homem das cavernas. Aos pés do animal estava um rato, tão pequeno que mal podia ser visto. O editorial trazia o seguinte título:

MAIORES MUDANÇAS VIRÃO

Essa imagem é para fazer os homens pensarem. Ela mostra as maneiras estranhas, poderosas, enormes, minúsculas e complicadas pelas quais a força da natureza trabalha no grande problema da Terra.

Esse problema é encontrar o tipo certo de criatura viva para desenvolver e governar esta Terra, que é parte de uma grande família de planetas que viajam através do espaço infinito com o nosso Sol, irmão em infinitude de todas as estrelas distantes.

Assim como este pequeno planeta é irmão do gigantesco Júpiter, assim como o nosso Sol, um milhão de vezes o tamanho desta Terra, é o irmão mais novo de outro Sol um bilhão de vezes maior que o nosso Sol, assim também o pequeno rato nessa foto é irmão do enorme dinossauro. Ambos são filhos da mesma força criativa.

E o homem das cavernas, ao lado do dinossauro, tem em seu crânio grosso, na parte de trás de sua testa baixa, uma centelha de inteligência de planejamento que encontra seu irmão no cérebro do homem mais desenvolvido, do outro lado do dinossauro.

Ao longo de milhões e milhões de anos, esse desenvolvimento da vida tem prosseguido.

No início, a vida tomou uma forma invisível a olho nu. Pelo acúmulo de bilhões intermináveis de células individuais através do processo de evolução, o enorme dinossauro, grande demais para a sobrevivência, foi formado.

A força da natureza fez e experimentou todo tipo de criaturas. Deixe-as passar diante dos olhos de sua mente.

A enorme baleia, um animal de sangue quente que habita no oceano frio; as criaturas que voam, de início como serpentes, agora algumas com penas, algumas com pelos, como o morcego.

O tatu, coberto, protegido como a noz por uma casca grossa; preguiças lentas, vivendo de cabeça para baixo; formigas formando nações civilizadas;

tamanduás lambendo nações inteiras de formigas em uma refeição; vermes que vivem no solo; tartarugas e serpentes que rastejam sobre ele; ostras presas à rocha, incapazes de se mover; águas-vivas que flutuam onde a maré as leva; esponjas que não são nem animais nem vegetais, e outras criaturas meio vegetais e meio minerais; toupeiras que escavam a terra; águias que voam acima das nuvens; elefantes com uma tromba que é quase uma mão, a criatura mais inteligente ao lado do homem; girafas feitas para comer das copas das árvores; suínos criados para chafurdar na lama – estranhos e maravilhosos produtos da natureza sempre lutando, sempre mudando, sempre buscando o que é novo e melhor, ao mesmo tempo que cada um de nós, criaturas, luta individualmente e busca o novo e o melhor.

É tão estranho que essas criaturas tenham vindo do nada que isso nos deixa perplexos enquanto a vida passa; em seguida, elas partem novamente para aquilo que não entendemos.

Alguns são criados pela divisão em dois da criatura-mãe. Esse é o tipo mais simples de nova vida – uma parte se separa e passa a viver por si só.

Em seguida, vem o ovo em que a vida misteriosamente começa. Às vezes, o ovo eclode dentro da mãe e a criatura nasce viva.

Às vezes, o ovo é colocado em sua casca, depois chocado pelo calor do sol ou pelo corpo da mãe.

Algumas criaturas, como o ornitorrinco, da Austrália, são metade ave e metade animal – a cabeça de um pato, o corpo de um rato almiscarado.

Alguns mamíferos, como o canguru, dão à luz seus filhotes, depois os carregam e amamentam dentro de uma bolsa, um saco marsupial, uma espécie de segundo útero, no qual a criatura completa seu desenvolvimento.

Ao lermos a história animal em vestígios deixados em rochas e em argila, sempre parecemos ver uma grande força cega lutando, empenhando-se, experimentando. Algumas criaturas são criadas muito pequenas e fracas para sobreviver; outras, como o dinossauro, enormes e desajeitadas demais para terem adversários; outras tão monstruosamente selvagens que a Terra não pode suportá-las ou mantê-las.

É como se víssemos um cego modelando em barro, agindo sob impulso.

No entanto, sabemos que um plano fixo além de nossa fraca compreensão percorre tudo isso.

Pois quando estudamos o recém-nascido desde o dia de sua concepção até o dia de seu nascimento, vemos repetidas, de maneira embriológica, todas as formas de vida, todos os processos pelos quais as criaturas vivas na Terra passaram.

Seis semanas após sua concepção, o ser humano ainda não nascido não pode ser distinguido de formas muito primitivas de vida. Mais tarde, antes de seu pleno desenvolvimento, ele tem os pés e o corpo de um macaco. Antes de seu nascimento, aquele que se tornará um ser humano passa por todo o processo de vida no planeta.

Essa imagem pode muito bem inspirar temor, admiração, reverência. A mesma força fez todas essas coisas. O grande e o minúsculo, o selvagem bruto assassino, o chamado "homem civilizado", grandes samambaias cujo pólen caído formou os leitos de carvão que nos aquecem e o combustível que nos transporta em nossos automóveis.

Quando você olha para essa imagem, com um dinossauro e um minúsculo roedor, com um homem das cavernas e um ser civilizado, o pensamento é este:

As maravilhosas mudanças que ocorreram durante milhões de anos passados devem ser seguidas por mudanças mais maravilhosas nos milhões de anos que estão por vir.

Sabemos que nosso planeta, aquecido pelo Sol e equilibrado por seu poder, viajará através do espaço infinito pelas centenas de milhões de anos vindouros, e que haverá mudanças constantes cada vez maiores, sem volta, em melhoria constante. Então, algum dia, a centenas de milhões de anos de distância, o calor do Sol e o calor da Terra desaparecerão. Nosso planeta e nosso Sistema Solar morrerão, como os indivíduos morrerão. A vida do planeta e do Sol passará para algum destino futuro, assim como ocorre com a vida do indivíduo deitado no túmulo e que aparentemente retorna no recém-nascido.

Quais serão as mudanças do futuro? Algumas mudanças leves, mas não significativas, na forma corporal. Não haverá mais dinossauros, nem serpentes aladas voando pelo ar. Todas as formas monstruosas surgiram e estão desaparecendo. A natureza termina sua experimentação animal com a supremacia do homem.

O homem governará sozinho o planeta, sempre mudando, mas com a mudança INTERIOR, não exterior. O crânio dele ficará maior e mais redondo, mais simétrico; a sua mandíbula menor à medida que ele se afasta de seu costume de morder; o seu corpo mais leve, mais fino, mais poderoso e ativo. A grande mudança continuará nos milhões de células cerebrais no HOMEM REAL dentro do crânio.

Um grande naturalista inglês disse: "A diferença entre um homem civilizado altamente desenvolvido e um selvagem primitivo não é maior do que a diferença entre esse selvagem e a folha de grama", e ele disse a verdade.

As maiores diferenças na construção da natureza não são aquelas que você vê nessa imagem. A diferença entre um rato e um dinossauro não é tão grande quanto a diferença entre um ser humano comum e Shakespeare.

E a diferença entre Shakespeare ou Michelangelo e a folha de grama não é tão grande quanto será a diferença entre aqueles "grandes homens" de nosso período selvagem e os homens realmente grandes que virão nos milhões de anos que estão à nossa frente.

A Terra será habitada por homens que farão dela um belo jardim, um magnífico parque no qual viverão, dedicando o cérebro ao estudo do universo exterior, do poder que controla todas as coisas.

O recém-nascido não é capaz de conversar ou aprender com aqueles que se curvam sobre seu berço. Este planeta recém-nascido não pode falar com os outros mundos ou aprender com eles.

Mas nem sempre será assim. A próxima raça que viverá aqui falará com os planetas mais antigos e aprenderá com eles. Mentes individuais não nascidas terão poder para compreender e entender o propósito e a construção de um sistema solar tão facilmente quanto entendemos o carrinho de mão.

O homem controlará o calor, o clima e o tempo na Terra tão facilmente quanto controla o calor e a ventilação em um apartamento moderno. O poder das marés e do Sol será o único servo.

Chegará um dia em que nossos descendentes, homens felizes, olharão para nós, para nosso egoísmo e nossa crueldade em tempos de paz, para nossas guerras sanguinárias, como olhamos para esse homem das cavernas que matou seu vizinho, abriu o osso da coxa e comeu a medula.

Ainda não foi revelado o que seremos!

Se você tem dúvida, pergunte a si mesmo o que esse homem das cavernas teria dito se você tivesse predito a ele a máquina voadora, o submarino ou a escola pública.

Um editorial verdadeiramente esplêndido, esse que você acabou de ler. Um texto que fará com que qualquer homem pense, e qualquer coisa que faça pensar é digna de uma leitura.

No entanto, há algo faltando nesse notável editorial. Depois de o ter lido, quero perguntar:

"Que solução você recomenda? O que posso fazer para apressar esse dia feliz de maior iluminação sobre o qual você escreve?" Isso me faz sentir como se eu tivesse lido quase até o clímax uma história fascinante e depois fechado meu livro sem saber como ela termina.

Não pretendo melhorar o trabalho do grande escritor que fez esse editorial, nem desejo que minhas sugestões sejam interpretadas como uma crítica ao seu texto esplêndido e inspirador, mas escreverei o breve clímax que eu teria dado se tivesse escrito esse editorial. Com isso, o meu objetivo é dar a você não apenas algo adicional para pensar, mas também algo para acelerar o dia em que "o homem controlará o calor, o clima e o tempo na Terra, tão facilmente quanto controla o calor e a ventilação em um apartamento moderno".

O homem é superior a todos os outros animais apenas em um detalhe: no poder de pensar. Ele não é o animal mais forte fisicamente, longe disso, mas é mestre de todos os outros animais por causa desse poder superior de pensamento!

Isso, por si só, deveria sugerir a natureza do clímax que escreverei para esse editorial. Mas, se isso não acontecer, deixe-me sugerir que, se o pensamento é a qualidade que distingue a força humana da força bruta, não é provável que o homem possa alcançar um poder ainda maior aprendendo a pensar com mais precisão?

Volte e leia a terceira lição novamente, particularmente a parte dela que diz como pensar. Fixe em sua própria mente os princípios simples ali afirmados de forma clara e, em seguida, explique-os a pelo menos uma dúzia de outras pessoas, em especial aos seus filhos, se você tiver.

Fixe em sua mente o fato científico de que todo pensamento reproduz ação corporal e tem uma forte tendência a se materializar em realidade física, se mantido na mente por tempo suficiente.

Finalmente, a coisa mais importante que você pode fazer agora para contribuir com a aceleração do dia de maior esclarecimento é esta...

Compreenda o fato cientificamente comprovado de que seus pensamentos se reproduzem de acordo com a espécie deles, então crie uma imagem mental clara de si mesmo como sendo uma pessoa que não teme nenhum poder na Terra; uma pessoa que ri da adversidade porque sabe que a transformará em bênção; um homem que perdoa e esquece as injúrias; um homem que vive para servir em vez de ser servido; um homem que olha para cada fracasso como uma grande lição da qual pode aprender o que o guiará da próxima vez; um homem que está constantemente se esforçando para desvelar os segredos da Natureza. Faça isso e você descobrirá que foi reformulado segundo esse padrão que você criou, como que por magia.

– Napoleon Hill

Então, depois de ter realizado esse milagre em si mesmo, ensine os outros a fazer o mesmo. O princípio é simples e os resultados são garantidos.

Familiarize-se com o fato científico de que os pensamentos que se baseiam no medo dos outros, na verdade, colocam você na classificação de homem das cavernas e dão ao homem mais poderoso e corajoso, que pensa, total poder para conduzi-lo como se você fosse um ser primitivo.

Fixe claramente em sua mente o sentimento de alegria e felicidade que vem ao homem que suplantou o ódio, a dúvida e o ceticismo com amor, fé e crença na humanidade. Compreenda o fato científico de que você não pode desfrutar plenamente da paz e quietude daquele que ama a humanidade até que tenha aprendido a amar toda a humanidade!

Se você deseja dominar seu inimigo, aprenda o poder do perdão e dê a ele um golpe esmagador, oferecendo-lhe um aperto de mão saudável na próxima vez em que vocês se encontrarem.

E quando seu inimigo parecer assustado e surpreso com sua súbita mudança de atitude, observe como ele também suplantará o próprio ódio com perdão. Você será o senhor da situação e a pessoa mais poderosa, porque aprendeu a pensar e a fazer uso das leis da Natureza.

"Apenas concentre a mente na imagem mental da condição que você deseja criar, da pessoa que você deseja ser, e a Mãe Natureza fará o resto, na hora certa."

– Napoleon Hill

Pela prática, você pode se tornar tão hábil em transformar o pensamento em realidade física que será capaz de fazê-lo quase que instantaneamente.

O homem nunca construiu e nunca construirá nada que não tenha sido criado primeiro em forma de pensamento. Fixe isso de maneira clara em sua mente e comprove por si mesmo, tentando pensar em algo que o homem criou e não tenha sido criado primeiro em pensamento.

Lembre-se de que a informação a partir da qual você cria o pensamento chega à sua mente por meio dos cinco sentidos: visão, audição, olfato, paladar e tato.

Lembre-se de que a informação pode ser verdadeira ou falsa, e que a precisão do seu pensamento dependerá da precisão das informações que chegam à sua mente.

Lembre-se, também, de que o preconceito é o arqui-inimigo que se põe de guarda sobre seus cinco sentidos e muitas vezes "colore" as informações, de forma que elas não sejam verdadeiras quando chegam à sua mente.

Torne-se um pensador preciso; em seguida, coloque em prática os pensamentos, e você estará mil anos à frente de noventa por cento da população mundial, no processo de evolução do homem.

Cordialmente, seu amigo,

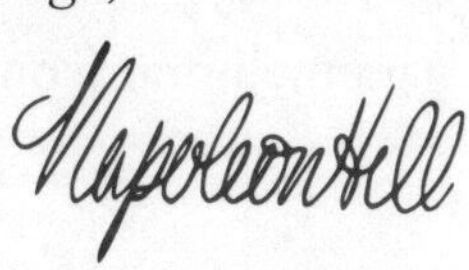

Napoleon Hill
80 E. Randolph Street
Chicago, EUA

CONSIDERAÇÕES DE GITOMER
Como implementar esta lição

Até agora esta é a lição que eu mais amo. Ela é tão inspiradora e, ao mesmo tempo, tão informativa quanto se pode absorver. Para converter essas estratégias para o mundo de hoje, você tem que pensar sobre "o que era" e se CONCENTRAR em "o que é". Por exemplo, a visão de Hill sobre "CONCENTRAÇÃO/FOCO" é muito mais difícil agora do que quando ele escreveu sobre isso há cem anos – temos telefones zunindo com pessoas, informações, textos e múltiplas formas de comunicação. E, ao mesmo tempo, a TV e os anúncios estão por toda parte tentando chamar sua atenção. Hill desafia você com relação à AUTOCONFIANÇA E CONCENTRAÇÃO e, em seguida, fala sobre como o foco mental afetará as suas ações e o seu sucesso. Use um cronômetro para ver quanto tempo por dia você está focado em atividades de vendas e sucesso. Todos estes cinco elementos são igualmente importantes: imaginação, desejo, entusiasmo, autoconfiança e concentração. Por favor, olhe para cada um deles de forma pessoal e introspectiva. Como você pode pegar essas cinco palavras e colocá-las positivamente em seu pensamento e sua vida? A chave para a implementação é escrever seus pensamentos a respeito de cada palavra, depois definir a situação atual em sua vida e, por fim, fazer um plano para melhorar (com um prazo estabelecido).

Todos nós precisamos de uma fonte de inspiração. Precisamos de alguém que gentilmente nos estimule a realizar, e quando encontramos uma pessoa que está interessada em nós o suficiente para fazer isso, devemos nos agarrar a ela como um homem que se afoga faria diante de algo que flutua.

– *Napoleon Hill*

Lição número

16

Quem está por trás do seu sucesso?

(Um bate-papo depois da aula com o Sr. Hill)

***INSIGHT* DE GITOMER:** A palavra "publicidade", usada nesta lição, é do mundo real e metafórica. E, por favor, não se ofenda com o ligeiro desvio do politicamente correto – a vida era assim há cem anos (e era totalmente aceitável para todos em 1917). Certamente ficou provado nas últimas décadas que as mulheres não são o sexo "mais fraco". Na verdade, especialmente na minha casa, com quatro filhas, quatro netas e uma namorada, é o oposto disso. O brilho desta lição é que muitas vezes os outros veem qualidades em você que você não consegue ver em si mesmo.

> Se esta lição força o limite do que você consideraria hoje como "politicamente correto", passe por cima disso e busque a lição além das palavras de Hill. A questão é quem está apoiando você e falando por você enquanto você busca o sucesso.

Se você é um homem casado, esta pequena conversa depois da aula é para sua esposa. Se você é um homem solteiro, é para a mulher que um dia você encontrará. Se você é uma mulher casada, é para você, em benefício de seu marido. Se você é uma mulher solteira, é para você, em benefício daquele que um dia você encontrará.

Algumas semanas atrás, uma mulher pequena e franzina levou seu marido – um homem grande, forte e saudável – ao meu escritório. Eu podia dizer pelo sorriso tímido em seu rosto que ele estava sendo trazido contra sua vontade. Parecia intimidado, coitado. Além disso, pude ver que ele queria a minha simpatia.

A mulherzinha falou. Ela era perspicaz, alerta e empreendedora em seu modo de ser.

Ela disse: "Eu trouxe meu marido para ver se você o aceita em sua classe. Ele tem trabalhado como condutor de bonde, mas decidi que ele pode fazer algo melhor do que isso".

O sujeito grandalhão olhou para mim e piscou.

A pequena mulher continuou com sua história. Ela falou de suas ambições de criar e educar seus quatro filhos. De seu anseio pelas necessidades da vida para sua pequena ninhada.

O peso-pesado sentou-se lá e sorriu. Por causa da pequena mulher ambiciosa, eu o coloquei nos testes psicológicos usuais. Ele mostrou tanta habilidade para o trabalho publicitário quanto uma lebre.

A primeira coisa que fazemos ao analisar um candidato que suspeita ter a aptidão latente de "publicitário" é chegar ao motivo que o levou a voltar sua atenção para essa área. Fazemos isso porque achamos muito fácil desenvolver habilidades publicitárias em uma pessoa que primeiro colocou em seu coração o propósito de se tornar um gerente de publicidade, enquanto a tarefa é muito mais difícil quando o aluno quer assumir o trabalho apenas por causa da crença de que essa seria uma "vaga fácil".

Bem, no caso do nosso amigo peso-pesado, achei melhor, por razões óbvias, removê-lo da influência da "esposa ameaçadora", então conduzi o exame em particular. Assim que estávamos sozinhos, ele me disse francamente por que veio me ver (eu ouvi como se ainda não soubesse).

Ele disse: "A minha esposa tem essa ideia tola na cabeça de me fazer entrar nesse negócio de publicidade. Foram esses anúncios confusos que você tem veiculado nos jornais. Por que, homem? Por causa disso, há duas semanas essa mulher não me deixa ter uma noite decente de sono".

Eu disse: "Não se preocupe, meu amigo, eu entendo. Eu também sou casado!".

Mas – e então eu o atingi em cheio, derrubando o homem com um soco na boca do estômago de que ele jamais se esquecerá – eu lhe disse que ele era o homem mais afortunado que eu já havia analisado, em mais de dez mil casos, e fui sincero em cada palavra! Afortunado porque ele tinha alguém para acreditar nele e incentivá-lo ao sucesso!

Esse sujeito tinha cerca de 38 anos de idade. Ele nunca tinha feito nada além de trabalho braçal. Descobri, após uma investigação mais aprofundada, que havia passado pelo ensino médio, embora o seu linguajar não indicasse isso.

Ele era um sujeito brilhante em muitos aspectos, mas no todo era um "sem futuro".

E você jamais adivinharia o que eu decidi. Não foi riqueza! Nem saúde! Nem a casa de campo que estávamos planejando. Não, não foi nada disso, mas algo mais fundamental do que tudo isso junto...

– *Napoleon Hill*

Mas o que me impressionou foi a maneira como aquela mulherzinha fiel estava lutando para incendiá-lo com ambição.

De alguma forma, eu não podia deixar de dizer a esse sujeito o que eu pensava dele. Ele não gostou. Esse foi o único sinal encorajador que vi. Ele mostrou alguns sinais de raiva quando eu lhe disse abertamente o que achava que qualquer outro homem faria sob a orientação daquela mulherzinha ambiciosa.

Perguntei-lhe se ele já tinha ouvido falar que Andrew Johnson foi ensinado por sua esposa a ler e escrever, e que, em grande parte por influência dela, se tornou vice-presidente dos Estados Unidos.

"Sim" – ele tinha ouvido falar sobre isso!

Todos nós precisamos de uma fonte de inspiração. Precisamos de alguém que gentilmente nos estimule a realizar, e quando encontramos uma pessoa que está interessada em nós o suficiente para fazer isso, devemos nos agarrar a ela como um homem que se afoga faria diante de algo que flutua.

É muito raro encontrarmos a ambição no sexo "mais fraco". O mais comum é que a esposa seja a pessoa que não tem imaginação suficiente para construir castelos no ar. Não porque ela não tenha ambição, na maioria dos casos, mas porque ela nunca faz uma pausa a fim de pensar que poder maravilhoso ela pode se tornar na vida de seu marido, se apenas insistir com ele e encorajá-lo a ser mais, empreendendo mais!

A bênção mais rica que qualquer homem pode receber é uma esposa ambiciosa que o encoraje, o encha de esperança, fé, ambição e autoconfiança.

Todos nós precisamos desse apoio. Alguém para nos dizer que estamos fazendo um bom trabalho. Alguns homens se dão bem sem isso, mas você já parou para pensar como eles se dariam melhor se tivessem isso?

Eu lhes digo que precisamos desse estimulante mental. Podemos acreditar que estamos fazendo um bom trabalho, mas teremos certeza se um amigo de confiança nos disser isso. Todos nós gostamos de ter nossas próprias opiniões corroboradas.

Não há absolutamente nenhuma estimativa do que um homem normal pode fazer com a cooperação calorosa e leal de uma esposa entusiasmada e ambiciosa.

Sorte do homem que a tiver. Com tal parceira de vida, você pode definir seu alvo nas alturas e alcançá-lo!

A maior bênção que qualquer homem já desfrutou é a companhia de uma esposa alegre, serena e ambiciosa que constantemente o estimula a uma maior realização. Ela pode comandar uma pequena casa humilde, mas lá você encontrará ordem, harmonia e um ambiente convidativo. Um lugar onde as ideias vão brotar e crescer.

Ainda que eu viva até os cem anos de idade, nunca esquecerei o homem que primeiro colocou a mão no meu ombro e disse:

"Nap, você é um menino brilhante!"

Essas foram as palavras mais doces que eu já tinha ouvido, talvez porque eu nunca as tivesse ouvido antes.

Naquele exato momento, a semente da ambição foi colocada em meu coração e cérebro. Ela nunca me deixou descansar desde então.

Essa observação casual feita, talvez, em um espírito meio jocoso é diretamente responsável pelo esplêndido tempo que estou passando com você. Se essas palavras nunca tivessem sido ditas, eu poderia ter sido para sempre privado do súbito desenvolvimento que estou desfrutando com meus humildes esforços para ajudar você e os outros que estão estudando estas lições.

Permita-me deixar este pensamento com você: se você é a esposa e seu marido está fazendo este curso, comece hoje – agora mesmo – a fornecer a ele novas inspirações e encorajamento. Acredite nele e deixe que ele saiba disso. Essa é uma história que realmente nunca envelhece. Em pouco tempo você verá uma mudança maravilhosa no homem que deve construir a fortuna de vocês.

Não permita que ele fique satisfeito consigo mesmo! Esse é o tipo de homem que continua a trabalhar como um funcionário, mesmo quando os cabelos grisalhos aparecem em sua cabeça.

Se você é uma futura esposa (e temos muitas delas conosco), lembre-se deste breve "bate-papo", depois que a parceria for formada.

E se você é um homem que ainda não selecionou sua parceira de vida, tenha cuidado para escolher uma cujos objetivos e ambições sejam pelo menos tão altos quanto os seus – e mais altos, se possível.

Então, depois de conquistá-la, ou mesmo antes, escreva algumas das frases deste bate-papo e deixe-as por aí, onde ela possa "se deparar com elas" em algum momento.

Quando o sujeito grandão saiu do meu escritório, o seu rosto tinha uma expressão diferente. Ele parecia um pouco mais profissional do que quando a pequena mulher o apresentou, meia hora antes.

Ao saírem, ela perguntou: "Você acredita que ele se tornará um publicitário?".

Acenei com a cabeça em direção ao grandão e respondi: "Pergunte-lhe o que ele pensa sobre isso". Eu não tive a coragem de dizer a verdade.

Ao chamar o elevador, eu a vi colocar o lenço nos olhos. Senti vontade de fazer o mesmo. Mas aquele homem grandão era um em dez mil, e aquela pequena mulher era uma em cem mil. Talvez haja um acidente de bonde um dia desses e ela tenha então a oportunidade de semear o entusiasmo e o encorajamento onde essa semente possa criar raízes e crescer.

Quem sabe?

Atenciosamente, do seu amigo,

Napoleon Hill

P.S. A minha esposa acaba de ler o que escrevi acima. Ela sugere que esse medicamento é bom tanto para o homem quanto para a mulher. Suspeito que ela tenha razão. Bem, de qualquer forma, experimentá-lo não causará dor a nenhum dos dois.

CONSIDERAÇÕES DE GITOMER
Como implementar esta lição

"Se você quer ser bem-sucedido, cerque-se de pessoas positivas bem-sucedidas."

– *Jeffrey Gitomer*

A chave para aplicar esta lição em sua vida é cultivar grandes amigos e associados que o conheçam bem e desejem o seu sucesso. E que até mesmo o ajudem a ter sucesso. Pessoas que estão dispostas a encorajá-lo e falar positivamente sobre você em sua presença e ausência.

Encontre e conquiste o favorecimento de pessoas que estejam dispostas a apostar em você tanto ou mais do que você mesmo. As pessoas vão apostar em você, SE VOCÊ ESTIVER DISPOSTO A APOSTAR EM SI MESMO E NO SEU SUCESSO.

“

Reflita bem antes de decidir, pois você pode viver para realizá-lo!

– Napoleon Hill

”

Lição número

17

Se eu tivesse apenas um desejo!

(Um bate-papo depois da aula com o Sr. Hill)

***INSIGHT* DE GITOMER:** Você já desejou algo ultrajante? É claro que sim. A pergunta é: o desejo se tornou realidade? A resposta é: raramente, ou nunca. Nesta lição, Hill pergunta sobre o IMPACTO que o seu desejo, ao se tornar realidade, teria em sua vida e na vida dos outros. Você conhece a expressão "Tenha cuidado com o que você deseja"? Hill diz para ter CERTEZA do que você deseja, e para prever o resultado caso seu desejo se torne realidade. Leia com atenção, pois o ÚNICO DESEJO de Hill irá surpreendê-lo e inspirá-lo.

Nas manhãs de domingo, costumo sair para ir a um parque e me misturar com a natureza. Durante a semana toda, tenho que conversar com homens e mulheres sobre negócios, mas, nas manhãs de domingo, falo com as árvores e com as belas águas azuis do lago Michigan.

E você pode não acreditar, mas eles falam comigo. Eu me inspiro o suficiente para enfrentar uma nova semana de trabalho duro.

Nessas caminhadas matinais de domingo – especialmente quando vou sozinho – eu planejo maneiras e meios de ajudar você e outros alunos.

Há alguns domingos, enquanto eu desfrutava da minha habitual caminhada entre as árvores ao longo da margem do lago, a "calma voz interior" me perguntou qual seria o meu desejo se eu tivesse apenas um e que pudesse ser instantaneamente realizado.

Se você acredita que esta é uma pergunta fácil de responder, pare agora e faça a experiência consigo mesmo!

No início, pensei em grande riqueza e em todo o bem que eu poderia fazer se tivesse os milhões de Rockefeller ou Carnegie. Pensei em todas as vantagens que poderia dar aos meus dois filhos e à minha esposa. Pensei nos lugares que poderíamos conhecer viajando ao redor do mundo e no prazer que me daria voltar para casa e escrever a todos os nossos alunos sobre a minha viagem. Pensei na bela casa de campo que temos planejado comprar.

"Sim", disse eu para mim mesmo, "eu escolheria a riqueza!"

No entanto, de alguma forma, essa decisão não pareceu me satisfazer. Senti que havia algo mais desejável do que apenas dinheiro. Sentei-me no tronco de um salgueiro que havia crescido sobre o lago Michigan e balancei meus pés logo acima da superfície da água. Enquanto eu estava sentado lá, voltei às primeiras causas e analisei a riqueza. Eu estudei cuidadosamente aqueles que acumularam vastas fortunas como resultado de terem prestado um serviço útil à humanidade. Então, eu estudei aqueles que chegaram à fortuna por herança, sem que tivessem realizado qualquer serviço de utilidade para a humanidade.

Eu estava começando a me aproximar da essência do meu "primeiro desejo".

E você jamais adivinharia o que eu escolhi. Não foi riqueza! Nem saúde! Nem a casa de campo que estávamos planejando. Não, não foi nada disso, mas algo mais fundamental do que tudo isso junto.

O meu desejo era QUE EU PUDESSE SER ABENÇOADO COM O MÁXIMO DE CONHECIMENTO DA MENTE HUMANA, MUITO MAIS DO QUE JÁ FOI DESCOBERTO OU USADO.

QUE EU PUDESSE ENTENDER AS POSSIBILIDADES OCULTAS DAS LEIS DA NATUREZA QUE CONTROLAM A MAIOR DE TODAS AS MÁQUINAS PRODUTORAS DE RIQUEZA – A MENTE HUMANA – e, principalmente, a MINHA PRÓPRIA MENTE!

QUE EU PUDESSE OLHAR UM POUCO ALÉM DA ESFERA ATUAL DA REALIZAÇÃO HUMANA E ENTENDER AS FORÇAS NATURAIS DO AR, DA LUZ DO SOL E DA ESCURIDÃO.

QUE EU PUDESSE ENTENDER A LEI DA NATUREZA POR MEIO DE UMA OPERAÇÃO INTELIGENTE, QUE TORNASSE POSSÍVEL APROVEITAR AS FORÇAS DA GRAVIDADE DE FORMA MAIS EFICAZ, PELA QUAL PUDÉSSEMOS FACILMENTE UTILIZAR A ENERGIA CRESCENTE DAS ONDAS DO OCEANO E AQUECER NOSSAS CASAS, COZINHAR E OPERAR NOSSAS INDÚSTRIAS APROVEITANDO OS RAIOS DO SOL DURANTE O DIA E OS RAIOS DA LUA À NOITE.

EM SUMA, O MEU DESEJO É POR MAIS CONHECIMENTO E MENOS IGNORÂNCIA SOBRE OS MATERIAIS DE TRABALHO QUE DEUS COLOCOU AQUI PARA O NOSSO BENEFÍCIO. POIS COM ESSE CONHECIMENTO MAIOR VIRIA TUDO DE QUE NÓS, SERES HUMANOS, PRECISAMOS DESTE LADO DA BARREIRA FINAL!

Qual seria o seu desejo?

Reflita bem antes de decidir, pois você pode viver para realizá-lo!

Muito cordialmente, seu amigo,

Napoleon Hill
80 East Randolph Street
Chicago, EUA

CONSIDERAÇÕES DE GITOMER

Como implementar esta lição

Experimente a ideia de Hill. Defina um desejo – não muito extravagante – e depois trabalhe para que ele se torne realidade. O pequeno gera o grande.

Lembre-se de onde Hill estava e como seu pensamento estava inspirado. Agora reflita sobre os pensamentos dele e o seu ÚNICO DESEJO. Hill foi capaz de ter pensamentos grandes naquele momento porque estava inspirado (pela natureza), calmo, feliz e relaxado. E, note, ele também estava fazendo algum exercício. Pense em como e quando você obtém os seus melhores pensamentos. Só no chuveiro? Se esse for o caso, você precisa de um tempo de reflexão mais relaxado.

Em uma nota pessoal, tenho um desejo além de paz, saúde, sabedoria, felicidade e harmonia para a minha família. *Desejo ter a saúde, a força e as habilidades mentais para escrever mais dez livros antes que eu complete cem anos.*

Mas o que interessa aqui é VOCÊ. Eu desafio você a escrever o seu ÚNICO DESEJO, depois revisitá-lo quando terminar o livro e montar um plano para realizá-lo. Pense nisso. Escreva-o. Tome medidas para alcançá-lo.

Lição número

18

A grande chave mágica

(Um bate-papo depois da aula com o Sr. Hill)

***INSIGHT* DE GITOMER:** Hill falará sobre a chave mágica para o sucesso. O que você acha que é? Bem, aqui está uma pista: VOCÊ JÁ A POSSUI! Ela só é pouco utilizada. Hill mostrará em poucas páginas como acioná-la e mantê-la bem lubrificada. AVISO: não trate esta lição de forma leviana. Ele não está apenas lhe dizendo o que fazer, mas sim: "É assim que eu faço!".

Ao apresentar a você essa "grande chave mágica", deixe-me primeiro explicar que ela não é uma invenção minha.

É a mesma chave usada, de uma forma ou de outra, por companheiros da Ciência da Mente e do Novo Pensamento. Eu a separei da religião e do ocultismo, e a anexei a um simples procedimento comercial cotidiano.

Essa grande chave mágica é um poder maravilhoso, mas perfeitamente simples de operar. Tão simples que a maioria das pessoas não conseguiu fazer uso dela. Nós, seres humanos, somos demasiado propensos a olhar com desconfiança para uma fórmula tão simples para o sucesso, uma fórmula que abrirá as portas para a saúde e a riqueza. Essa fórmula é a grande chave mágica.

Ela abrirá a porta para a riqueza! Abrirá a porta para a fama! E, em muitos casos, abrirá a porta para a saúde física. Desbloqueará a porta para o conhecimento. Permitirá sua entrada no depósito de toda a sua habilidade latente. Atuará como uma chave de acesso para quase qualquer posição na vida que você possa escolher.

Com a grande chave mágica, abrimos as portas secretas para todas as grandes invenções do mundo. Toda a nossa genialidade foi produzida por seus poderes mágicos.

Vamos supor que você deseja uma posição melhor na vida. A grande chave mágica o ajudará a alcançá-la! Com seu uso, Carnegie, Rockefeller, Hill, Harriman, Morgan e Guggenheim acumularam milhões de dólares em bens materiais.

Ela abrirá as portas da prisão e transformará os humanos abandonados em seres humanos úteis e confiáveis. Na Prisão Estadual do Arizona, em Florence, está Louis Victor Eytinge, um "salva-vidas". Quando os portões da prisão se fecharam após sua entrada, ele era uma amostra do pior espécime produzido pela raça humana. A tuberculose o reduzira a um esqueleto, a depravação física e moral o levara ao fundo do poço mentalmente. Então, veio o toque da grande chave mágica. Eytinge fez uso dela. Hoje é um dos principais homens do mundo. Ele está pagando a sua dívida. Cresceu tanto no físico quanto na mentalidade até o ponto de estar bem agora em ambos. Superou a tuberculose. Deixou de lado as suas más tendências morais. Agora ele está pronto para o perdão, e o mundo está pronto para o seu serviço útil, fora dos muros da prisão.

Você pergunta: "O QUE É ESSA GRANDE CHAVE MÁGICA?"

E eu respondo com uma palavra: CONCENTRAÇÃO!

Parar por aqui seria insuficiente. Você deve saber como usar essa grande chave mágica! Primeiro, deixe-me dizer que a AMBIÇÃO e o DESEJO são os grandes poderes dinâmicos que você deve invocar para ajudar a CONCENTRAÇÃO. Sem ambição e desejo, a GRANDE CHAVE MÁGICA é inútil. É por isso que tão poucas pessoas usam a chave.

DESEJE o que você puder, e se o seu desejo for forte o suficiente, a GRANDE CHAVE MÁGICA DA CONCENTRAÇÃO o ajudará a alcançar aquilo que você deseja. Se o objeto do seu desejo for algo humanamente possível de alcançar.

Estude as grandes realizações dos seguidores da Ciência da Mente e do Novo Pensamento. O poder dominante deles é a CONCENTRAÇÃO aliada ao DESEJO! Há homens eruditos da ciência que querem nos convencer de que os maravilhosos poderes da oração em si operam por meio do princípio da CONCENTRAÇÃO e de um forte DESEJO sustentado por uma fé inflexível.

Não estou tentando associar nem dissociar a história da grande chave mágica com o ocultismo ou com a religião. Estou tratando isso do ponto de vista do leigo comum. Estou lidando com isso a partir do conhecimento real que adquiri ao analisar e mapear cuidadosamente mais de dez mil pessoas. Sou franco ao confessar que pouco sei da origem dos poderes por trás da CONCENTRAÇÃO ou do DESEJO. Mas eu conheço bastante do efeito desses poderes. Eu os vi demonstrados para minha própria satisfação centenas de vezes. Vamos pressupor que você seja cético em relação aos poderes da CONCENTRAÇÃO e do DESEJO. Vamos colocá-los à prova, com um exemplo concreto.

Primeiro, você deve se livrar do ceticismo e da dúvida! Nenhum incrédulo jamais desfrutou dos benefícios desses grandes poderes. Você deve acreditar no teste que eu vou lhe pedir para fazer. Você não deve deixar nenhum sentimento de incredulidade se infiltrar.

Agora vamos supor que você tenha pensado algo sobre se tornar um grande escritor ou um grande orador, ou um grande executivo de negócios, ou um grande gerente. Suponha que tomemos o último exemplo como o assunto deste teste. Mas lembre-se de que, se você espera resultados, deve seguir as instruções à risca.

Pegue uma folha de papel simples, tamanho padrão de carta, e escreva nela em letras bem grandes estas palavras:

EU VOU ME TORNAR UMA GRANDE PESSOA!

PORQUE ISSO ME PERMITIRÁ PRESTAR AO MUNDO UM SERVIÇO ÚTIL E PORQUE ME PROPORCIONARÁ AS COISAS MATERIAIS NECESSÁRIAS DA VIDA!

EU VOU ME CONCENTRAR NESSE DESEJO POR DEZ MINUTOS DIÁRIOS, POUCO ANTES DE IR PARA A CAMA E LOGO DEPOIS DE ME LEVANTAR.

____

(Assine o seu nome)

Se você não é bom na escrita, basta recortar o texto acima, assiná-lo e colocá-lo onde você o verá antes de ir para a cama e logo após se levantar todos os dias. Faça exatamente o que você se comprometeu a fazer, por pelo menos dez dias.

“DESEJE o que você puder, e se o seu desejo for forte o suficiente, a GRANDE CHAVE MÁGICA da CONCENTRAÇÃO o ajudará a alcançar aquilo que você deseja.”

– Napoleon Hill

Agora, quando você for fazer a sua "CONCENTRAÇÃO", é assim que você deve proceder: olhe para a frente, visualize três, cinco, dez ou até quinze anos no futuro. Veja a si mesmo em um cargo no qual você recebe um grande salário. Veja os rostos felizes de seus entes queridos – talvez uma esposa e filhos, talvez uma mãe com cabelos prateados.

Veja a si mesmo tendo uma reserva para as dificuldades futuras. Veja a si mesmo em seu carro que estará dentro de suas possibilidades. Veja a si mesmo em sua aconchegante casa própria.

Veja a si mesmo sendo uma pessoa de influência no mundo dos negócios. Veja a si mesmo SENDO MAIS VALORIZADO E GANHANDO AINDA MAIS DINHEIRO à medida que envelhece. Veja a si mesmo envolvido em um ramo de trabalho no qual você não temerá a perda de um emprego. Pinte este quadro por meio dos poderes da sua imaginação, e ele se transformará em uma bela imagem do DESEJO. Use esse DESEJO como o principal objeto de sua CONCENTRAÇÃO, e veja o que acontece!

Pode demorar mais de dez dias. Ou pode levar um dia. Isso dependerá de quão bem você executar a tarefa.

Agora você tem o segredo da grande chave mágica! Ela abrirá a porta para qualquer posição na vida que você quiser, se essa posição for humanamente possível de ser alcançada. Isso fará de você um funcionário melhor e um cidadão melhor se o objeto de sua concentração for digno.

Use essa grande chave com inteligência! Use-a apenas para a realização de propósitos dignos, e ela lhe dará as coisas da vida pelas quais o seu coração anseia. Tão simples, tão fácil de aplicar e, ainda assim, TÃO MARAVILHOSA EM RESULTADOS! Comece agora mesmo. Esqueça os erros que você cometeu no passado. Comece tudo de novo e faça com que os próximos cinco ou dez anos contem uma história de realização humana, em qualquer ramo de trabalho escolhido, da qual você não se envergonhará e que ORGULHARÁ as próximas gerações de sua família!

CONSTRUA UM NOME PARA SI MESMO POR MEIO DA AMBIÇÃO, DO DESEJO, DA IMAGINAÇÃO E DA CONCENTRAÇÃO!

Por fim, quero deixar este pensamento com você. Ele tem sido o meu companheiro constante ao longo da vida. Sustentou minhas pernas cansadas quando, de outra forma, elas teriam me permitido cair no esquecimento. É o seguinte:

"TODA ADVERSIDADE É, NA REALIDADE, UMA BÊNÇÃO DISFARÇADA. A UNIVERSIDADE DAS DIFICULDADES É A MAIOR ESCOLA DO MUNDO. ELA ENVIA SEUS GRADUADOS PARA LUTAR AS BATALHAS DA VIDA, TORNANDO-OS CAPAZES E FORTES O SUFICIENTE PARA SUPERAR TODOS OS OBSTÁCULOS QUE POSSAM CONFRONTÁ-LOS."

Deixe-me resumir os cinco pontos principais desta série de lições, para que você não os esqueça. Eles são: (1) Autoconfiança, (2) Entusiasmo, (3) Trabalhar com um "Objetivo Principal", (4) Realizar mais do que aquilo pelo qual você é pago e (5) Concentração, sustentada por um desejo e fé inabalável. Por meio de uma aplicação razoavelmente inteligente dessas qualidades, você pode se tornar senhor de sua própria carreira.

Muito cordialmente,

Napoleon Hill
80 East Randolph Street
Chicago, EUA

CONSIDERAÇÕES DE GITOMER
Como implementar esta lição

Hill adora usar a palavra "magia", porque evoca a ideia de que você deve dominar o aspecto mágico de sua carreira e ofício, aperfeiçoando o que é comum. Hill guia você através do processo de pensamento e lhe ensina os passos – mas apenas VOCÊ pode fazer o trabalho.

Pense em um momento em que você estava passando por uma dificuldade. Anote o que aconteceu e as lições que aprendeu. Anote o que você está escolhendo fazer de forma diferente como resultado do evento. Agora pense sobre os seus sucessos abençoados e faça o mesmo processo. A razão para a documentação é óbvia. É o seu diário de sucesso e a sua jornada de sucesso. CONCENTRE-SE EM VOCÊ!

De cada fracasso podemos aprender uma grande lição, se quisermos.

– Napoleon Hill

Lição número

19

O valor da aparência pessoal na criação de uma primeira impressão favorável

(Um bate-papo depois da aula com o Sr. Hill)

***INSIGHT* DE GITOMER:** AVISO: NÃO TRATE ESTA LIÇÃO DE FORMA LEVIANA.

Um colega de Hill, O. H. Chamberlain Jr., um vendedor de classe mundial e líder empresarial, teve a oportunidade de falar sobre a importância das primeiras impressões que as pessoas e os vendedores causam, e o impacto que essas impressões podem gerar pessoal e financeiramente.

O aviso é: não ache que as suas primeiras impressões estão boas até que você tenha conversado com outras pessoas.

De bom grado entrego minhas páginas para esta lição ao Sr. O. H. Chamberlain, Jr., a quem considero um dos principais vendedores dos Estados Unidos. O Sr. Chamberlain traz a você, por meio deste breve bate-papo por procuração, o benefício de sua experiência, adquirida na direção de empresas bem conhecidas, como a National Cash Register Company, a American Multigraph Company e outras de igual destaque.

O Sr. Chamberlain falará com você nestas minhas páginas "sagradas", sobre o seguinte assunto:

"O VALOR DA APARÊNCIA PESSOAL NA CRIAÇÃO DE UMA PRIMEIRA IMPRESSÃO FAVORÁVEL."

É um costume comercial comum receber de forma cortês um homem de boa aparência pessoal.

Os homens mais arrogantes fazem isso, mesmo que seja apenas por motivos egoístas. Eles temem recusar um possível cliente potencial.

Até que um homem seja conhecido, as coisas que compõem sua aparência pessoal são as credenciais que lhe dão direito à cortesia. Uma saudação cordial é um bom começo para garantir uma conversa satisfatória, que lança um vendedor em direção ao seu objetivo.

Outra razão para cultivar uma aparência pessoal agradável é que a maioria dos homens de negócios tem muitas demandas ocupando o seu tempo. Muitas vezes não lhes é possível conceder todos os pedidos de reunião. Eles escolhem a quem darão atenção. Naturalmente, escolhem aqueles cuja aparência pessoal mais lhes agrada.

Uma venda é o processo de mudar a mente de um cliente em potencial de um estado de desatenção e indiferença para um estado de total concordância com o vendedor. Isso é realizado apenas por meio da criação de certas impressões na mente do cliente em potencial.

Uma impressão é favorável quando agrega o seu pequeno poder para alinhar o pensamento do cliente em potencial na direção certa. As impressões mentais são criadas tanto por meio dos sentidos quanto por meio da razão.

A primeira impressão que o cliente recebe do vendedor é pela visão. Ele será favorável ou desfavorável na exata proporção em que a aparência do vendedor for agradável ou desagradável. É uma lei da mente o fato de toda impressão ser influenciada pelas anteriores. Portanto, é de primordial importância que as primeiras impressões sejam agradáveis.

Uma postura graciosa e tranquila denota força. O homem comum não sabe andar, ficar de pé ou se sentar. As crianças devem ser ensinadas desde cedo a ter uma postura adequada do corpo para que, inconscientemente, possam estar à vontade.

A atitude corporal de um homem é um espelho que reflete sua mente e seu espírito. O homem desleixado tem uma mente desleixada. O respeito próprio, a autoridade e a segurança se manifestam tão inequivocamente no comportamento quanto o servilismo e a autodepreciação.

Nenhum homem cuja postura demonstre indecisão, dúvida ou descuido impressionará favoravelmente um estranho. A atitude do homem saudável, sentado, em pé ou andando, deve ser ereta. É o sinal natural de bem-estar.

Recentemente, testemunhei uma ilustração clara de dois extremos de postura. Na posse de um governador do Oeste, ele contou com a presença de vários policiais robustos e um elegante jovem ordenança. Durante toda a cerimônia foi angustiante observar o desconforto dos policiais. De pé sobre os seus pés chatos, com a barriga proeminente e o peito colapsado, eles mudavam de um pé para o outro. O militar ficou atento durante toda a cerimônia sem nenhum sinal de desconforto. Ele descansava facilmente nas solas de seus pés, com o abdômen contraído, o peito erguido e a cabeça ereta.

A postura do vendedor, enquanto caminha para saudar o seu cliente, deve indicar saúde e coragem, fé em si mesmo e em sua missão. Se ele for convidado a se sentar, não deve desmoronar na cadeira, afundar-se nela e sentar-se curvado. Ele deve se sentar ereto, embora não de forma rígida. Pois o vendedor, assim como o ordenança, é um soldado – alguém da linha de frente no exército do comércio moderno.

A impressão, por parte do potencial cliente, de que ele está falando com um homem vigoroso e que tem respeito próprio certamente exercerá uma influência.

A vestimenta do vendedor tem muito a ver com a criação de uma primeira impressão favorável. Ela deve ser adequada ao seu negócio. Se for muito vaidoso ou muito desleixado, desviará a atenção de sua missão. Ela deve ser adaptada à estação, e as extravagâncias devem ser evitadas.

Lorde Chesterfield diz que um homem está mais bem-vestido quando aqueles que o contemplam não têm noção de suas roupas, exceto a de um conjunto harmonioso.

Um homem não precisa usar roupas caras para estar bem-vestido. Roupas limpas e bem passadas, uma gravata nova e sapatos bem engraxados contribuem muito para o homem bem-vestido.

O equilíbrio desempenha um papel importante na aparência. O cliente instintivamente olha para a conduta e a expressão facial do vendedor. Ao ver a serenidade e a paz mental que o equilíbrio traz, ele inconscientemente confia no vendedor.

É agradável olhar nos olhos do homem equilibrado. Otimismo ou pessimismo indelevelmente deixam uma marca nas feições. Doença e saúde se revelam pelo rosto. Só a alma serena é forte.

A ausência de controle corporal e mental é mostrada nos maneirismos. Muitos vendedores têm falhado por causa de excentricidades irritantes. Na melhor das hipóteses, o maneirismo não permite a máxima atenção e o total interesse por parte do cliente. Ele não consegue se ater à linguagem do vendedor, por mais lógica e convincente que seja, se esta for acompanhada de inquietação e falta de tranquilidade.

Os maneirismos do corpo incluem balançar-se, contorcer-se e mudar constantemente de posição. Eles devem ser evitados. Muitos vendedores têm maneiras características de posicionar a cabeça. Inconscientemente, eles balançam a cabeça de um lado para o outro, sacudindo-a ou jogando-a para trás e para a frente, ou ficam passando as mãos pelos cabelos.

Há também maneirismos dos pés, como arrastar, bater no chão, deslizar e inconscientemente chutar uma cadeira ou mesa. Isso impede que o cliente preste a atenção que o vendedor deseja.

O excesso de maneirismos faciais atrapalha um vendedor desatento. Em seu desejo de dar ênfase, um vendedor às vezes franze os seus músculos faciais de tal forma que é muito desagradável para o seu ouvinte. Alguns homens parecem incapazes de encontrar um lugar para as mãos. Elas estão continuamente se movendo, parando de vez em quando para tamborilar os dedos no tampo de uma mesa ou no braço de uma cadeira. Um dos maneirismos mais desagradáveis das mãos é a "lavagem com água e sabão invisíveis", como se imitassem um mordomo inglês.

Uma falta de polidez imperdoável é colocar os dedos na boca e roer as unhas. Acariciar a cabeça e o rosto com as mãos deve ser evitado, pois não apenas evidencia a falta de tranquilidade, mas também impede que o seu interlocutor o ouça com clareza.

Acima de tudo, não manuseie objetos na mesa do potencial cliente. Alguns homens se incomodam com a liberdade e, de qualquer forma, isso mostra falta de autocontrole.

É desnecessário salientar que o vendedor deve manter o cabelo bem cortado e penteado, as unhas bem cuidadas e a barba feita. No entanto, hoje, muitos homens estão limitando o seu poder de lucrar ao negligenciar exatamente esses detalhes essenciais da aparência persuasiva.

Nada é insignificante na atividade de um vendedor, por menor que seja, se isso afetar uma venda. O vendedor que causa uma impressão desfavorável por ficar esfregando as mãos, passando a mão no pescoço e no rosto; por ter unhas sujas ou caspa em seu terno está prejudicando muito a si mesmo.

O vendedor deve estar constantemente atento ao próprio hálito. Nada será mais repulsivo para um cliente do que o mau hálito.

O teste do progresso de um vendedor, desde o momento em que ele entra no local de trabalho de outro homem até que ele sai, está em atrair a atenção para si. Qualquer impressão que possa repelir deve ser evitada, seja na aparência pessoal, na fala ou na ação.

O verdadeiro teste é este: isso atrairá ou distrairá o potencial cliente? Isso causará interesse ou a perda de interesse?

Muito cordialmente, seu amigo,

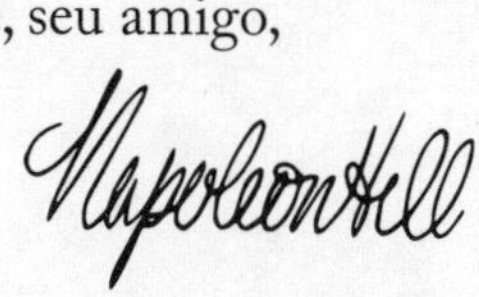

Napoleon Hill
80 East Randolph Street
Chicago, EUA

CONSIDERAÇÕES DE GITOMER

Como implementar esta lição

Olhe-se no espelho. A primeira impressão não é apenas a impressão que você causa nos outros. É a impressão que você dá a si mesmo. Como você está vestido para ler este livro? Vestido com um espírito de quem está "pronto para vencer"? Que tipo de impressão você está causando todos os dias em seus clientes, seus colegas, sua família... em si mesmo? Não tem certeza? Tire uma *selfie* todos os dias. Pergunte a opinião das pessoas ao seu redor, que sejam de sua confiança e que causem uma boa primeira impressão todas as vezes. Embora sua aparência possa não o ajudar a concluir a venda, a aparência ruim pode fazer com que você a perca.

Lição número

20

Ao sinal do dólar

(Um bate-papo depois da aula com o Sr. Hill)

***INSIGHT* DE GITOMER:** Esta lição é outro ponto crucial do livro. Hill destila a sua visão e sabedoria de uma maneira sucinta e fluida, de modo que a maioria pega no sono, exceto por alguns – aqueles poucos que se agarram ao que Hill diz receberão a recompensa do século. Ah, espere, eles já receberam. Fique tão espantado com a genialidade de Hill quanto eu.

Bem, aqui estou eu de volta com minha pá pronta para cavar no meu "local sagrado do jardim" novamente.

Sinto-me muito solitário quando entrego estas páginas para outra pessoa, mesmo que seja por apenas uma lição.

Este é um ponto adequado em seu curso para deixá-lo com um pensamento que eu não quero que você negligencie. Tenho visto médicos que costumavam levar seus pacientes a acreditarem que eles estavam muito doentes, em grande parte porque esperavam que o paciente estivesse disposto a pagar mais por pensar assim.

Para chegar rapidamente ao assunto, permita-me dizer que não acredito nessa prática. Acredito que a autoconfiança é o estado de espírito que precede o sucesso. Creio que todas as grandes verdades são, em última análise, muito simples. Em apoio a essa crença, quero repetir mais uma vez que o mecanismo do sucesso e da realização não é a parte mais importante do trabalho que você está se preparando para fazer. O seu DESEJO é ser capaz de executar os princípios expostos aqui.

No entanto, a parte importante do sucesso de todo homem é criar o plano com o suporte das filosofias. Você, que está se preparando como profissional, deve estar sempre em alerta e atento aos atalhos.

O fato de seu salário vir de um empregador em particular é o que menos importa. O seu salário real é pago pelo consumidor da mercadoria que a empresa oferece.

Por muitos anos, a Oliver Typewriter Company tem comercializado suas máquinas a US$ 100 cada. Elas têm sido vendidas pelo plano habitual de distribuição por meio de representantes.

Bem, recentemente, ela cortou toda a sua rede de representantes e passou a vender suas máquinas direto para o consumidor por US$ 49 cada. De uma só vez, cortou 50% do excesso de peso que o consumidor, até então, era obrigado a suportar.

NOTA DE GITOMER: Soa familiar? Isso foi escrito há cem anos. Continue lendo…

Agora mesmo, a questão do alto custo de vida está ocupando a atenção do mundo inteiro. As pessoas que criam um plano para encurtar a rota entre o produtor e o consumidor em qualquer mercadoria estão no caminho certo para o sucesso no campo das vendas.

Se este fosse o último "bate-papo depois da aula" que eu esperasse ter o prazer de escrever para você, eu dedicaria o espaço ao assunto que selecionei para este momento. Eu o encorajaria, na medida do possível, a encurtar o caminho de todas as formas possíveis entre o produtor e o consumidor. De acordo com o nosso atual plano de distribuição, sobrecarregamos o consumidor. Em muitos casos, ele está pagando para gerar lucro ao produtor, ao empregador, ao atacadista e ao varejista, enquanto deveria pagar apenas pelo lucro do produtor.

Você pode estar envolvido no negócio de varejo, ou trabalhando para o varejista, ou para atacadistas ou intermediários. Se você considera que esse argumento vai contra o seu ganha-pão, permita-me dizer que um reajustamento do nosso plano de distribuição está prestes a acontecer. Há uma necessidade econômica desse reajuste. Eu estou lhe avisando agora para que você possa se preparar para o momento em que isso se concretizar. Se você quer se tornar alguém de ponta no campo do sucesso e das vendas, deve manter a sua mente trabalhando ao longo do tempo no planejamento de maneiras e meios de entregar ao consumidor pelo menos as necessidades essenciais a um custo menor. Esse é o seu grande problema, estudantes de vendas e sucesso. Ele sempre será o seu grande problema.

Domine o mecanismo das vendas conforme estamos ensinando, sim, mas também comece agora mesmo a cultivar o ponto de vista do consumidor. Estude as necessidades dele, bem como as do produtor. Os grandes vendedores do futuro – aqueles que ganham US$ 10 mil, US$ 15 mil, US$ 25 mil ou até US$ 50 mil por ano – serão aqueles que inventarão maneiras e meios de suprir as necessidades essenciais do consumidor com o menor pagamento de benefícios aos intermediários.

Não faz diferença o quão diretamente esse argumento possa afetar você, a lógica dele não pode ser evitada. Um homem prevenido vale por dois. Comece agora a ajustar-se à nova era econômica que está se elevando rapidamente acima do horizonte do progresso comercial.

Mais de US$ 100 milhões por ano em negócios estão vindo aqui para Chicago para uma só empresa, a Sears, Roebuck & Company. Em qualquer lugar dos Estados Unidos e de muitos países estrangeiros, você encontrará clientes da Sears, Roebuck & Company.

Por quê?

A resposta é que a Sears, Roebuck & Company está fornecendo ao consumidor mercadorias a um custo menor do que se pode comprar depois de ter passado pelas mãos de vários intermediários.

Algum dia, alguém ganhará fama e fortuna ao inventar maneiras e meios de dar um passo além do que foi dado pela Sears, Roebuck & Company. Essa pessoa, seja ela quem for, elaborará um plano para levar a mercadoria a cada comunidade local, onde ela poderá ser primeiro examinada e depois comprada por correspondência. O plano, quando for aperfeiçoado, será muito simples. Ou parecerá simples o suficiente depois que alguém tiver lucrado alguns milhões de dólares com isso.

Pense por um momento no enorme poder de compra que um estabelecimento teria se fizesse a compra para uma só loja e depois distribuísse para as filiais localizadas em cada cidade nos Estados Unidos. Você pode ver muito facilmente para onde os negócios da Sears, Roebuck & Company iriam se tal plano fosse aperfeiçoado.

NOTA DE GITOMER: Hill acaba de prever o Walmart e a Amazon.

De uma forma ou de outra, não posso deixar de sentir que esse plano, quando for elaborado, será creditado a alguns dos meus alunos. Isso é algo para você pensar. Converse com o gerente de seu banco. Converse com os seus comerciantes locais. Obtenha todas as informações que puder sobre o assunto. E tenha sempre em mente, enquanto você estiver discutindo esse assunto, que o grande problema na comercialização hoje é a distribuição econômica – o encurtamento da rota entre o produtor e o consumidor final.

Tenha em mente também que a grande massa de pessoas está exigindo pelo menos as necessidades essenciais a um custo menor do que está pagando agora. Se você puder ajudar a resolver esse problema, mesmo que seja em um produto, poderá determinar o quanto quer receber de salário.

Atenciosamente, seu amigo,

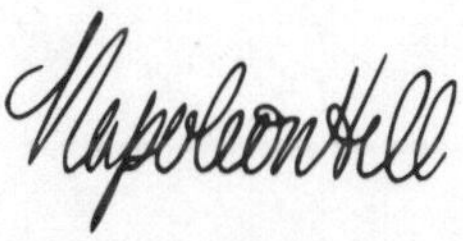

Napoleon Hill
Diretor de Ensino
Bryant & Stratton College
Chicago, EUA

CONSIDERAÇÕES DE GITOMER
Como implementar esta lição

Esta é ou não é uma previsão incrível do futuro? Hill acabou de expor a estratégia da Amazon e do Walmart. E fez isso com precisão e eloquência – cem anos atrás.

A Sears cresceu tremendamente no tempo de Hill, de 1900 a 1960, e agora, se você tem menos de vinte anos, talvez nunca tenha estado em uma Sears. Por quê? Eles, assim como a Kmart e a Borders, se recusaram a mudar com os novos tempos. Eles se recusaram ou não puderam desenvolver novos modelos de distribuição e novos canais de vendas.

NÃO seja complacente e acomodado como eles foram. O mundo está sempre evoluindo – evolua com ele. Invente e reinvente os seus negócios e os seus empreendimentos com base nas necessidades de seus clientes.

“

O sucesso pode ser obtido por aqueles que estão dispostos a pagar o preço... E o preço é a eterna vigilância no desenvolvimento da autoconfiança, do entusiasmo, do trabalho com um objetivo principal, da realização de um serviço melhor do que você é pago para fazer e da concentração. Com essas qualidades bem desenvolvidas, você certamente terá sucesso.

– Napoleon Hill

”

Lição número

21

"A regra dos cinco pontos"

(Um bate-papo depois da aula com o Sr. Hill)

***INSIGHT* DE GITOMER:** Esta lição contém mais pepitas de ouro da verdade também para o seu sucesso pessoal, além do profissional. Hill dá exemplos de pessoas que, por algum motivo, acreditam que podem recorrer a atalhos para o sucesso e o conhecimento. Todas as pessoas que pegaram atalhos falharam. No entanto, o mais importante, Hill se concentra nos cinco princípios que construirão o sucesso e o conhecimento.

Este parece um lugar poderoso e apropriado para novamente chamar sua atenção para o pensamento que nos esforçamos tanto para implantar em sua mente desde o início destas lições: "O QUE VOCÊ EXTRAIRÁ

DESTAS LIÇÕES SERÁ NA PROPORÇÃO EXATA DAQUILO QUE INVESTIR NELAS EM TERMOS DE TEMPO E ESFORÇO".

Esse é um pensamento que vale a pena lembrar!

É um pensamento que se aplica a tudo o que você empreende ao longo de sua vida. Se você não receber nada mais deste curso do que esse pensamento, e usá-lo adequadamente, será bem recompensado pelo seu tempo e dinheiro.

Um cavalheiro rico certa vez levou seu filho ao reitor de uma universidade bem conhecida, a quem ele perguntou: "O meu filho não pode terminar o seu curso universitário em um tempo menor que os quatro anos previstos?".

O reitor respondeu: "Bem, isso depende do que você quer que ele seja. Por exemplo, você pode cultivar uma abóbora em um verão, mas é necessária uma série de anos para produzir um carvalho. Se o seu filho quiser se tornar uma abóbora, pode se virar em dois anos, mas se ele quiser se tornar um carvalho, precisará de mais tempo".

Um jovem veio até mim para ser analisado. Ele tinha uma noção de que queria entrar na classe dos que ganham US$ 10 mil por ano. Estava todo animado com a ideia de ter um grande cargo. Na época, trabalhava como estenógrafo. Ele queria ingressar na publicidade, imediatamente! E disse: "Até o final do próximo ano, eu não deveria estar ganhando pelo menos US$ 5 mil?". Eu respondi: "Sim, você DEVERIA, mas VOCÊ NÃO GANHARÁ!".

Ele achou estranho que eu o "desencorajasse" com tanta franqueza. Eu lhe disse que fazia questão de nunca desencorajar ninguém de fazer a coisa certa, mas que eu acreditava que era sábio desencorajar uma pessoa de construir castelos sobre fundações falsas. Eu havia acabado de ler o editorial de Bruce Barton, que foi publicado na edição de 18 de março de 1917 da revista *Every Week*. Isso deixou muito claro o que eu queria dizer, e o jovem entendeu o meu ponto de vista de forma contundente. Vale a pena repetir esse editorial. Nele você encontrará uma grande lição se parar e pensar na perspectiva correta. Eu recomendo que você o leia, não UMA VEZ, mas MUITAS VEZES!

Aqui está:

"De forma geral, um trabalho é bom em proporção à quantidade de estudo necessária para dominá-lo."

Ontem de manhã, quando peguei o elevador, o zelador estava treinando um novo ascensorista.

Ao meio-dia, quando saí para almoçar, o novato estava trabalhando sozinho. Ele tinha um uniforme e estava controlando o elevador com a confiança de um veterano.

De aprendiz a profissional em algumas horas.

Na semana passada, vi um motorista veterano treinando um jovem. Na terça e na quarta-feira, os dois estavam juntos; na quinta-feira, o novato estava guiando o carro sozinho.

É algo que tenho visto com muita frequência, mas nunca sem sentir admiração.

Que pensamentos estão na cabeça daquele jovem quando ele recebe as instruções do veterano de cabelos grisalhos?

Como ele pode deixar de olhar para a frente e ver no homem mais velho uma imagem de si mesmo daqui a vinte anos?

Ele está assumindo um emprego mal remunerado – um emprego sem futuro. Daqui a vinte anos, estará exatamente onde está hoje – apenas mais velho, com menos garantia de que ficará no emprego. A sua experiência não contará para nada, porque é uma experiência que qualquer outro homem pode ganhar em alguns dias.

Ele pode, ao fazer greve, forçar um aumento em seu salário de alguns centavos por semana. Mas o aumento não será grande. Por quê?

Porque ele aprendeu o trabalho em dois dias. E em qualquer outro par de dias, a empresa pode obter muitos homens que aprenderão com a mesma rapidez e ocuparão o seu lugar.

No mesmo dia, encontrei em um restaurante um amigo meu que acabara de voltar da Inglaterra depois de aprender um trabalho cirúrgico especializado com alguns dos maiores profissionais do mundo.

Ele tem 31 anos de idade; faz quatorze anos que entrou na faculdade.

Por dez desses quatorze anos, ele esteve estudando em escolas de Medicina, hospitais e países estrangeiros.

O resto de nós – seus colegas de turma – está no ramo de negócios há dez anos. Em todo esse tempo, ele nunca foi capaz de se sustentar inteiramente. A sua educação sempre custou um pouco mais do que ele ganhava.

Mas com que resultado? Ele obteve um treinamento especializado, como poucos homens em Nova York.

Ele começará a sua vida profissional com uma renda de vários milhares. Pagará as suas dívidas estudantis em alguns anos. Em dez anos, a renda dele será de dezenas de milhares.

Ele gastou quatorze anos para dominar a sua profissão. Mas não precisa ter medo de perder o que ganhou. Nenhum outro homem pode tirar o lugar dele, exceto ao custo de quatorze anos de estudo.

Não tenho nada além de simpatia pelo idoso que se vê condenado pelo resto da vida a um trabalho com um salário baixo. Mas acho difícil ser paciente quando vejo jovens ingressando alegres em empregos sem futuro, simplesmente porque são preguiçosos demais para se dedicar aos estudos e conquistar empregos que valem a pena.

Todo jovem nos Estados Unidos deveria ler a autobiografia de Benjamin Franklin. Veja com que diligência dolorosa ele aprendeu sozinho a escrever um bom inglês. Observe-o aos quatorze anos, brigando novamente com a aritmética, na qual, por três vezes, ele não conseguiu passar na escola, e dominando-a.

Veja Michelangelo, velho e cego, ainda sendo levado para as grandes galerias, para que pudesse com os dedos traçar os contornos das estátuas, ainda fiel ao lema de sua vida: Ancora impara – *"Ainda aprendendo".*

"Os deuses vendem qualquer coisa para todos a um preço justo", disse Emerson.

E quando ele disse isso, sintetizou a filosofia dos negócios.

O trabalho que os deuses vendem pelo treinamento de duas horas vale exatamente o que custa.

Só vale a pena aquele trabalho ao qual é atribuído o preço do estudo e do aperfeiçoamento constante e incessante.

– Bruce Barton, Editor

Quanto mais velho eu fico, mais percebo a boa e sólida filosofia que esse editorial contém. A persistência é uma qualidade maravilhosa. Nós ganhamos na proporção que doamos, não importa no que estejamos envolvidos. Essa é uma grande lição que a maioria de nós precisa aprender mais de uma vez para que se FIXE! Aqueles que apostam nos cavalos aprendem, às vezes, que não se pode receber algo de valor em troca de nada.

Aqueles que apostam nos mercados de ações aprendem a mesma lição, às vezes! Vá aonde quiser, siga qualquer vocação que escolher, mas no final das contas, quando a LEI DA COMPENSAÇÃO entrar em funcionamento, você descobrirá que irá "colher o que plantar".

O sucesso pode ser obtido por aqueles que estão dispostos a pagar o preço. E a maioria dos que anseiam por um cargo de US$ 10 mil por ano – especialmente se estiverem envolvidos em negócios – pode conseguir isso se pagar o preço.

E o preço é a eterna vigilância no desenvolvimento da autoconfiança, do entusiasmo, do trabalho com um objetivo principal, da realização de um serviço melhor do que você é pago para fazer e da concentração. Com essas qualidades bem desenvolvidas, você certamente terá sucesso.

Vamos dar a essas qualidades o nome de "REGRA DOS CINCO PONTOS".

Atenciosamente, seu amigo,

Napoleon Hill
Diretor de Ensino
80 East Randolph Street
Chicago, EUA
(Direitos autorais 1917 Napoleon Hill)

CONSIDERAÇÕES DE GITOMER

Como implementar esta lição

Nunca é cedo demais ou tarde demais para aprender. Abandonei a faculdade aos vinte anos. Na época, eu achava que sabia de tudo. Decidi viajar pela Europa por um ano. Quando cheguei lá, percebi que não sabia de nada. Após a primeira semana da minha jornada de um ano, dediquei-me à aprendizagem que duraria toda a minha vida com a missão específica de aprender uma coisa nova todos os dias. Isso foi há cinquenta anos, e eu tenho aprendido (e implementado esse conhecimento) desde então.

Nunca tinha escrito comercialmente até os 46 anos de idade, nunca tinha realizado uma palestra até os 47 anos, e só publiquei meu primeiro livro aos 48 anos, e considero tudo isso uma bênção. Não por ter conseguido isso – ah, não, muito pelo contrário. A minha bênção consiste em minha dedicação ao estudo do desenvolvimento pessoal, na observação para entender, no desenvolvimento de uma autoconfiança positiva, no fato de me concentrar e completar a tarefa em mãos e de ter o desejo ardente de servir aos outros e me sentir realizado. Essa é uma bênção.

Por que não tirar algum tempo para se sentar sozinho e se concentrar em VOCÊ? Escreva para si mesmo. O que você alcançou? Onde você está agora? E o que precisa fazer para chegar aos resultados desejados? Agora é um bom momento para rever as cinco qualidades mencionadas na Regra dos Cinco Pontos e avaliar o quão bom você é em cada qualidade. Em seguida, anote o que você precisa melhorar e o que fazer para que isso aconteça. Agora é um bom momento para se concentrar em VOCÊ – uma concentração mais profunda, uma dedicação mais profunda, um desejo mais profundo. É hora de você criar uma dedicação mais profunda para aprender e ganhar.

Você nunca conhecerá a verdadeira alegria de viver até que chegue a uma total compreensão do princípio do servir.

– *Napoleon Hill*

Lição número

22

O princípio do servir

(Um bate-papo depois da aula com o Sr. Hill)

***INSIGHT* DE GITOMER:** Há um provérbio chinês de cinco mil anos que diz: "Governar é servir". O "servir" está no centro da filosofia de Hill. Hill adorava poder servir e, desde os seus primeiros escritos, foi um defensor de "trabalhar mais e prestar um serviço melhor do que aquele pelo qual você está sendo pago". Esta lição define o processo e o princípio e coloca a disposição de servir em seu devido lugar – no topo da lista.

Eu estou escrevendo no dia 15 de junho de 1917. Ontem à noite, nossa classe permanente realizou a sua cerimônia de formatura no Chicago Advertising Club. Mais de cem pessoas estavam presentes nessa reunião de despedida. Ela marcou o encerramento do trabalho do ano mais difícil que já tive, mas apresso-me a acrescentar a afirmação de que foi o meu ano mais lucrativo – de todos os pontos de vista.

Eu investi nesse trabalho cada grama de energia que eu tinha. Muitas foram as noites em que fui para casa tão exausto que eu não conseguia dormir. Mas a tarefa foi cumprida. O nosso primeiro ano foi um sucesso avassalador. Realizamos ainda mais do que planejávamos há um ano. Confesso francamente que eu não cobiço outra responsabilidade como a que carreguei na preparação deste curso, mas não me arrependo do preço que tive que pagar. Era a única maneira de prepará-lo. Agora que o trabalho do primeiro ano foi concluído, a tarefa durante os anos seguintes será relativamente simples.

Ao longo deste curso, fiz o meu melhor para implantar na mente de meus alunos os princípios do servir, nos quais ele se baseia. Eu gastei toda minha energia para estabelecer a verdade de que O SERVIÇO PRESTADO é a *causa*, enquanto O PAGAMENTO é a *consequência*! Eu dei o meu melhor para mostrar aos meus alunos que eles vão RECEBER na proporção exata do que eles OFERECEREM!

O meu próprio trabalho tem sido uma esplêndida exemplificação desse princípio. Quando olho para trás, para o trabalho do ano passado, esses pontos se destacam no horizonte da minha experiência tão claramente que acho que vale a pena mencioná-los:

Primeiro: eu trabalhei mais do que jamais havia trabalhado antes.

Segundo: eu fui mais feliz do que jamais havia sido antes.

Terceiro: eu fiz mais pelos outros do que jamais havia feito antes.

Quarto: eu lucrei financeiramente e cresci mentalmente mais do que havia feito antes, no mesmo período.

Mas isso não me surpreende. Eu antecipei esses resultados muito antes mesmo de começarmos este curso. Eu viajei o suficiente ao longo do caminho da vida para me familiarizar com a lei particular da natureza pela qual esses resultados foram alcançados. Há muito tempo aprendi que uma grande quantidade de trabalho saudável – no qual podemos colocar todo o nosso coração e alma –, que ajuda os outros a crescerem e a terem sucesso, é absolutamente essencial para a nossa própria felicidade e sucesso.

Também aprendi, sem a menor sombra de dúvida, que quando começamos a ajudar os outros, começamos a nos ajudar. Nós obtemos o sucesso na proporção do nosso SERVIÇO ao mundo.

Eu aprendi que, ao prestar um grande serviço ao mundo, vem a recompensa financeira suficiente para todas as nossas necessidades, e na proporção do serviço que prestamos!

ESSA É A MAIOR LIÇÃO DE TODAS!

É uma lição que quero que cada um dos meus alunos aprenda! Você já ouviu isso em lições anteriores. Você ouvirá isso muitas vezes nas lições seguintes. Eu gostaria de ser dotado com o poder de um Billy Sunday ou um Dwight L. Moody ou alguns dos outros grandes pregadores. Se eu fosse, pregaria o princípio do servir de norte a sul nesta velha terra. Não seria problema algum para mim se outros lhe dessem a Salvação Eterna, eu me contentaria em ensiná-lo a ser feliz e próspero enquanto estiver nesta terra.

O que está além da barreira final nenhum de nós sabe. A sua opinião sobre esse assunto pode estar tão correta quanto a minha ou a do maior pregador que já viveu ou viverá!

O que eu quero e farei o meu melhor para ajudar cada um dos meus alunos a adquirir é um conhecimento que nos ajudará aqui, nesta velha bola de lama, agora mesmo, enquanto vivemos! Até onde sabemos, o único bem que podemos fazer deve ser feito enquanto vivemos. E se eu não estiver errado, o maior bem que podemos fazer é tornar a jornada da vida o mais agradável possível para o maior número possível de pessoas. Pessoalmente, e falando de uma maneira ampla e geral, esse é o meu OBJETIVO PRINCIPAL na vida. Eu tenho sido parte do cumprimento desse OBJETIVO PRINCIPAL, e por muitos anos estive, e ainda estou, me preparando como escritor, filósofo e professor.

Antes de poder escrever, filosofar ou ensinar de forma eficaz, devo entender e aplicar o princípio do servir.

Isso eu estou me esforçando para fazer, e quanto mais aprendo sobre esse grande princípio, mais me fortaleço como professor e filósofo. Quanto mais transmito aos outros o pouco que aprendi sobre esse princípio, mais descubro que eu mesmo estou aprendendo sobre ele.

VOCÊ NÃO PODE DAR SEM RECEBER!

Mas temo estar voando nas nuvens. Deixe-me descer à terra e dar-lhe um exemplo concreto do que quero dizer, colocando em uma linguagem simples: como afirmei, no ano passado eu trabalhei mais do que jamais havia trabalhado antes. Livre e voluntariamente, eu doei a mim mesmo e o pouco que aprendi na Universidade das Dificuldades. Eu doei sem pensar em retornos financeiros. Em duas ocasiões durante o ano passado, ofereceram-me cargos com salários muito acima de qualquer valor que eu já imaginei ser capaz de receber. Ambas as ofertas vieram de homens que estão à frente de duas grandes corporações, e ambos eram desconhecidos para mim até então. Aconteceu que um membro da minha classe era secretário de um deles. O outro ouviu falar de mim por intermédio de uma das revistas em que anunciamos. Ambos vinham observando o meu trabalho há vários meses, e um deles havia visitado minha aula sem que eu soubesse de sua identidade. Eles captaram o espírito do princípio do servir que tenho ensinado. Viram como esse espírito seria benéfico se devidamente injetado em sua organização ou em seus trabalhadores, e as ofertas por meus serviços vieram em seguida.

Recusei as duas ofertas! Foi a maior tentação que já experimentei para largar o que eu havia começado. Foi preciso ter coragem e crença no trabalho em que estou envolvido para recusar uma oferta de salário duas vezes e meia maior do que eu já havia ganhado antes.

Eu lhes digo, tal como disse a um desses homens quando recusei a sua oferta, que nenhuma soma de dinheiro pode me seduzir a me afastar da obra que iniciei. Esta escola deve se tornar a maior e mais benéfica escola já conduzida com o propósito de ajudar homens e mulheres a dominarem as suas ambições no campo do comércio e da indústria.

Isso soa bastante extravagante – admito que sim! Soa assim para mim e provavelmente soa dessa forma para você, mas deve ser realizado.

O primeiro passo foi dado. Temos os dois pés no chão, prontos para o próximo passo. Tenho pelo menos trinta anos de serviço ativo pela frente, e todos serão dedicados à tarefa que iniciei. E todo ano enviaremos algumas centenas de homens e mulheres brilhantes, e cada um se tornará um pregador ativo do princípio do servir. Enviamos mais de cem no primeiro ano; pessoas que sentiram, talvez pela primeira vez, uma autoconfiança abundante, entusiasmo e determinação para realizar um objetivo definido, de uma maneira definida. Todas essas pessoas acreditaram em nós – elas estão devolvendo ao solo uma parte do que tiraram dele, incentivando os outros a virem à nossa escola. Em todas as partes dos Estados Unidos, neste momento, temos homens e mulheres que sentiram o benefício de nossa ajuda e que, por sua vez, estão retribuindo.

VOCÊ NÃO PODE DAR SEM RECEBER!

O princípio do servir funciona enquanto você está dormindo da mesma forma que funciona enquanto você está acordado. Ao aplicarmos esse princípio, tal como estamos aplicando, temos todos os motivos para esperar ver esta instituição se tornar a maior escola de desenvolvimento pessoal do mundo.

Sucesso e vendas não são tudo o que pretendemos dar aos nossos alunos. Na verdade, esses temas são apenas incidentais. Pretendemos desenvolver em nossos alunos uma personalidade magnética, autoconfiança, entusiasmo, coragem, sinceridade de propósito, força de caráter, persistência e determinação!

Com um objetivo como esse, o que, permita-me perguntar, nos impedirá de nos tornarmos a maior escola do mundo?

Você pode ajudar! Você deve ajudar! Não para nos beneficiar, particularmente, mas para exercer o princípio do servir e colocá-lo em ação! Além disso, para ajudar aqueles que necessitam do que temos para oferecer, aqueles em quem você está interessado.

Você nunca conhecerá a verdadeira alegria de viver até que chegue a uma compreensão completa do princípio do servir. Experimente! Ofereça ao seu empregador uma medida mais completa de serviço amanhã e observe o aumento da felicidade que você desfrutará à noite!

Cordial e atenciosamente,

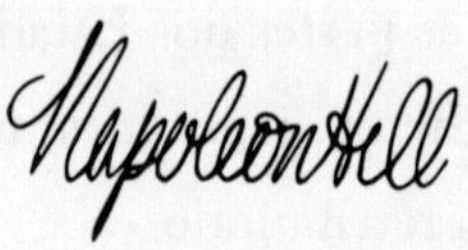

Napoleon Hill
80 East Randolph Street
Chicago, Illinois

CONSIDERAÇÕES DE GITOMER
Como implementar esta lição

Quando Hill diz: "VOCÊ NÃO PODE DAR SEM RECEBER!", ele quer dizer: DOE PRIMEIRO, e o mundo lhe pagará de volta.

É claro que penso em mim mesmo e em minhas realizações ao ler esta lição. E você? É claro que sim. É da natureza humana. Mas a pergunta é: a quem você serviu e como você serviu no processo?

A maioria das pessoas tem um "plano de vendas", mas muito poucas têm um "plano de serviço".

A citação imortal de Hill, "Trabalhe mais e faça um serviço melhor do que aquele pelo qual você está sendo pago", está no cerne da filosofia deste livro. Revise todas as suas anotações e adicione um plano de serviço a cada meta ou tarefa.

Eis uma maneira fácil de tornar o servir um hábito: estabeleça uma meta de realizar um ato aleatório de bondade por dia, e faça isso com um sorriso. Com o tempo, isso lhe dará uma devoção ao servir e a compreensão de que é aí que o serviço começa.

“

Comece a semear pensamentos gentis por meio de suas ações, e eles criarão raízes e florescerão onde antes cresciam espinhos.

– Napoleon Hill

”

Lição número

23

Uma grande verdade que aprendi com a experiência de vinte anos

(Um bate-papo depois da aula com o Sr. Hill)

***INSIGHT* DE GITOMER:** Esta lição não é um resumo, mas sim um desafio. Como as primeiras 22 lições, ela contém informações e sabedoria para ajudar você a implementá-la. MAS esta é a lição mais poderosa do livro. E tenha em mente que Hill não "a guardou para o fim" – em vez disso, ele sabia que, sem o conhecimento das primeiras 22 lições, esta não teria tido o impacto necessário. Leia e coloque em prática.

É domingo de manhã – o dia em que devemos fazer uma espécie de inventário pessoal de nós mesmos para ver o que aprendemos durante os seis dias anteriores.

Acabei de terminar o meu inventário, não só por seis dias, mas também pelos vinte anos que acabaram de passar, sendo este o meu aniversário.

Não posso lhe dar todos os detalhes do meu inventário que abrange esses vinte anos, mas posso e vou apresentar os mais importantes, com a esperança de que sejam benéficos para você. Acredito que seja tão importante ter uma visão retrospectiva de nós mesmos quanto olhar para a frente e tentar antecipar o que o futuro nos reserva, porque da grande massa de erros que cometemos, podemos aprender uma lição maravilhosa se QUISERMOS!

Em vez de lhe dizer uma dúzia ou mais de verdades importantes que aprendi com a minha experiência durante os últimos vinte anos, me contentarei em lhe dizer a MAIOR, A MAIS ESTUPENDA, A MAIS MARAVILHOSA VERDADE QUE APRENDI!

Vou lhe dizer esta verdade porque acredito sinceramente que ela o ajudará a viver melhor e a alcançar os seus objetivos em menos tempo e com maior satisfação. Na verdade, eu duvido seriamente que você possa ter sucesso ou ser feliz sem observar – consciente ou inconscientemente – esta grande VERDADE!

Não é uma verdade nova!

Ela é tão antiga quanto o próprio mundo; no entanto, por isso mesmo é uma verdade. Lembre-se de que não são as novas verdades que precisamos estudar, mas as antigas, que nos foram ensinadas por tanto tempo que nos cansamos delas.

Ao lhe falar desta grande verdade, desta GRANDE LEI DA NATUREZA, não tenho intenção de tentar entretê-lo. A missão deste "bate-papo" é ensinar! Se por acaso ela for de natureza divertida, tanto melhor, mas isso é o que menos importa.

Quase quinze, dos últimos vinte anos, eu passei tentando involuntariamente negar esta grande verdade – esta lei da natureza! Não só involuntariamente tentei negá-la, como inconscientemente também a neguei!

"O nosso único pecado é o da ignorância."

Foi pela ignorância sobre as leis simples da natureza que eu desperdicei quinze anos de esforço incansável em tentar fazer a tarefa impossível de desafiá-las!

E a pior parte de tudo isso é o fato de que minha ignorância se somou à ignorância deliberada e arbitrária, porque eu tinha ouvido falar desta verdade – essa lei da natureza de que lhe falarei – até o ponto de eu ter me cansado de ouvi-la.

Cheguei a desprezá-la como se ela fosse semelhante àquela falsa advertência: "Olhe o lobo, o lobo!".

O que é esta grande verdade?

Vou afirmá-la com as mesmas palavras que tantas vezes ouvi, mas com a esperança de que você faça uma aplicação mais pronta e prática do que eu fiz durante mais de quinze anos. Ela é a seguinte:

"TUDO O QUE PLANTARES, TAMBÉM COLHERÁS."

Levei quinze anos para aceitar e entender a verdade declarada nessas palavras simples! Quinze anos de fracasso, infelicidade e decepção!

Se eu puder lhe poupar quinze anos de erros de partir o coração, o meu esforço de domingo de manhã em escrever este "bate-papo" terá valido a pena. Sim, se eu puder lhe poupar cinco ou mesmo um ano de esforço mal direcionado, o meu tempo terá sido decididamente valioso.

Sabendo por experiência própria quão vagas e sem sentido essas palavras que eu citei podem parecer, continuarei a lhe mostrar, se puder, como a verdade que elas transmitem realmente o afeta em tudo o que você faz.

Posso fazer isso de um modo melhor citando uma das experiências da minha própria vida durante esses quinze anos de esforço mal direcionado.

(Ao levá-lo aos bastidores, como farei, e lhe revelar alguns dos erros que cometi, sei que você entenderá que não estou fazendo isso porque estou orgulhoso desses erros, mas por causa do meu desejo de ajudá-lo a evitar cometer os mesmos erros.)

Quando digo que fui um fracasso durante esses quinze anos, não tenho a intenção de transmitir a impressão de que alguma vez eu estivesse "quebrado"! Por pelo menos uma parte desse tempo eu estava longe de estar quebrado, e quase todo o tempo eu tinha tudo o que precisava de riquezas e bens materiais deste mundo, mas ainda assim era um fracasso.

Por "fracasso" quero dizer que eu havia inconscientemente me privado da maior de todas as posses mundanas – o conhecimento de como ser feliz e de como fazer os outros felizes.

O MEU GRANDE ERRO: tentar RECEBER mais do que o valor real dos serviços que eu PRESTAVA! A lição mais difícil que tive que aprender foi que, se eu semeei um trabalho medíocre, devo necessariamente colher baixos salários!

Eu ignorei completamente o fato de que o SERVIÇO QUE EU PRESTEI FOI A CAUSA, enquanto O PAGAMENTO QUE EU RECEBI POR ESSE SERVIÇO FOI A CONSEQUÊNCIA. Eu estudei a consequência – O PAGAMENTO – longas e tardias horas, mas cometi o lamentável erro que tantos outros estão cometendo de ignorar a CAUSA, que é O SERVIÇO QUE EU PRESTEI!

O "princípio do servir", como Sheldon tão bem o chamou, é uma lei da própria natureza. É imutável como a lei da gravidade, e descumpri-la traz uma punição tão certa quanto a violação da lei da gravidade se você subir ao topo de uma árvore e pular. Em ambos os casos, você será achatado como resultado de sua própria ignorância ou, pior ainda, de seu próprio descuido.

"TUDO O QUE PLANTARES, TAMBÉM COLHERÁS."

Agora eu entendo a grande filosofia que está por trás dessas palavras – palavras que, por quinze anos, não faziam sentido para mim!

Não só a minha própria experiência me mostrou a futilidade de tentar ignorar ou negar essa grande verdade, mas a minha observação dos outros me convenceu de que todos os que "se encontraram" verdadeiramente aprenderam essa mesma verdade e fizeram uso dela.

Essa grande verdade pode ser declarada de outra maneira:

"Se você viver pela espada, pela espada você morrerá."

Enquanto eu escrevo, estão sendo mobilizados milhões de homens e bilhões de dólares nos Estados Unidos para demonstrar essa grande verdade para um autocrata do outro lado do Atlântico que começou a governar o mundo pela espada há cerca de três anos.

NOTA DE GITOMER: Essa é uma referência à Primeira Guerra Mundial.

Às vezes, é necessário haver o derramamento de muito sangue e a devastação de grandes fortunas para imprimir essa verdade sobre aqueles que a negam, mas no final, depois que a "lei da compensação" tiver feito o seu trabalho, a verdade ainda prevalece!

Napoleão Bonaparte aprendeu essa verdade, embora parecesse bem encaminhado para a conquista do mundo antes que ela o derrubasse.

Sempre que houve contenda entre os povos da Terra, os opressores e os agressores aprenderam essa verdade para a própria tristeza deles.

Sempre que há conflitos entre indivíduos, o agressor aprende essa verdade mais cedo ou mais tarde – na maioria das vezes "mais tarde"!

As leis da natureza podem ser violadas, mas a violação traz uma punição certa, mesmo que em muitos casos ela pareça chegar lentamente.

Volte e leia a "FÓRMULA DE CONSTRUÇÃO DE AUTOCONFIANÇA", que eu apresento com o "bate-papo" na quinta lição. Lá você pode encontrar a essência da melhor filosofia extraída dos meus últimos vinte anos de experiência. Dedique especial atenção ao sexto parágrafo. Você fará bem em memorizar essa relação e incorporar a filosofia, mas quer faça isso ou não, certifique-se de não ignorar o sexto parágrafo. Pelo menos memorize a sua segunda frase:

"Portanto, não me envolverei em nenhuma transação que não beneficie igualmente todos os que participam comigo."

Nessa curta frase, você encontrará o que eu precisei de quinze anos para aprender! Ao considerar a fórmula como um todo, você descobrirá que ela contém toda a filosofia de que qualquer ser humano precisa para ter sucesso e ser feliz. Nos sete parágrafos curtos dessa fórmula, como já afirmei, pode ser encontrada a essência do que tentei negar por quinze anos, mas que finalmente fui forçado a aceitar para que não vivesse como um completo fracasso.

Você deve torná-la uma parte de você – não porque eu a escrevi – mas porque ela é a chave para o depósito de paz e abundância, felicidade e sucesso.

Para RECEBER você deve DAR! Por outro lado, você vai RECEBER o que você DÁ! Para mim, é algo que parece tão simples, tão claro e compreensível que todo ser humano na Terra deveria se beneficiar com isso. No entanto, foi somente durante os últimos cinco anos que aceitei e fiz uso dessa grande verdade. Quinze anos de fracasso antes do sucesso, no meu caso, deve encorajar aqueles que ainda não aprenderam essa verdade.

A atual maldição da raça humana é a prática de tentar COLHER o que não foi SEMEADO! A natureza cuidará para que as suas leis sejam cumpridas. A aplicação dessas leis nem sempre é rápida, mas é CERTA!

Se eu considerar a minha própria experiência como um critério razoável de avaliação, posso afirmar com uma certeza positiva de que o único SUCESSO real é aquele alcançado por meio de algum tipo de serviço útil para a humanidade! Fiz mais para ajudar os outros durante os últimos cinco anos do que em todos os outros quinze que compõem a minha experiência empresarial. Fui mais feliz e mais próspero em todos os sentidos durante esses cinco anos do que durante todos os quinze anteriores.

O meu humilde conselho é que você se dedique a algum serviço útil à humanidade, faça do "princípio do servir" uma parte de sua filosofia, domine a "Fórmula da Autoconfiança" e torne-a parte de seus esforços diários; e pode esquecer com segurança todo o resto, POIS VOCÊ ESTARÁ DESTINADO A TER SUCESSO!

Pessoalmente, eu transformei os meus quinze anos de erros em capital, porque foi principalmente por causa dos meus erros que aprendi o que é certo. Em cada fracasso que cometi, aprendi uma grande lição. Dos erros do passado surgiu o novo Napoleon Hill – o homem que você conhece por meio desses "bate-papos". Se você cometeu erros semelhantes, e sem dúvida cometeu, é possível convertê-los em capital, mas isso terá que ser feito exatamente como eu expliquei: você deve fazer da grande verdade aqui declarada uma parte de si mesmo.

"Assim como um homem pensa em seu coração, assim ele é."

Comece hoje e faça uso de tudo o que este "bate-papo" trouxe para você. Se você ler novamente o quarto parágrafo da "Fórmula de Construção de Autoconfiança", ele o ajudará a dar esse início. Toda a filosofia, todas as leis da natureza, toda a ajuda no mundo não lhe fará bem, a menos que você crie uma imagem definida da pessoa que você pretende ser e, em seguida, comece a transferir essa imagem mental para a realidade.

Adote um "objetivo principal na vida", um PROPÓSITO DEFINIDO, e então cumpra esse propósito por meio da AUTOCONFIANÇA, auxiliada pelos grandes poderes das próprias leis da natureza, conforme declarado naquela maravilhosa verdade que é o assunto deste "bate-papo": "TUDO O QUE PLANTARES, TAMBÉM COLHERÁS!".

Essa é a maior verdade que aprendi nos meus últimos vinte anos de experiência. Eu não tenho a expectativa de aprender uma verdade maior do que essa. Faça uso dela em suas relações com todos os seus semelhantes! Leve-a com você para o trabalho amanhã! Experimente por si mesmo!

Por meio de seus atos e suas ações, comece a semear pensamentos gentis, e eles criarão raízes e florescerão onde antes cresciam espinhos. Em vez de nutrir o ódio em seu coração, mesmo por aqueles que foram desleais e injustos com você, plante as sementes do amor e da caridade e veja com que rapidez essas sementes brotarão. Essa é a Grande Lei da Atração Harmoniosa que o Dr. Sears menciona em seu esplêndido livro intitulado *How to Attract Success (Como atrair o sucesso)*.

O mundo é um grande espelho no qual vemos não os defeitos dos outros como imaginamos ver, mas os pensamentos e atos que nós mesmos criamos.

Atenciosamente, seu amigo,

Napoleon Hill
80 E. Randolph St.
Chicago, EUA

CONSIDERAÇÕES DE GITOMER
Como implementar esta lição

Esta lição é poderosa e instigante. Ela não é apenas um resumo do livro, mas um desafio claro para você, leitor. Se você não tomar medidas aqui, volte e leia este livro desde o início. Se tomar medidas para desenvolver o seu "objetivo principal" – mais tarde renomeado por Hill como "propósito principal definido", e que recebeu como subtítulo "o ponto de partida de todas as realizações" –, você se encontrará em um caminho irrefreável para o sucesso em qualquer que seja o empreendimento.

Agora é a hora de definir ou de refinar o seu objetivo principal e detalhar as etapas necessárias para a realização, as colaborações necessárias, os requisitos financeiros, a dedicação e alocação de tempo a ser investido, o serviço que você deve fornecer e, claro, o resultado esperado. Esse é um plano real – um plano de vida – um plano de sucesso que deixaria Napoleon Hill orgulhoso.

EPÍLOGO POR JEFFREY GITOMER

A verdade, toda a verdade, com a ajuda de Hill

NAPOLEON HILL: Embora precedido (e inspirado) pelos pais fundadores do desenvolvimento pessoal: Samuel Smiles, Orison Swett Marden, George Clason, James Allen, Russell Conwell e Elbert Hubbard, Napoleon Hill é claramente o mais conhecido e reconhecido especialista em atitude positiva e realização nos séculos 20 e 21. O seu icônico livro *Quem pensa enriquece* tem sido, e ainda é, a bíblia moderna global do desenvolvimento pessoal e do pensamento positivo.

Com mais de quinhentos mil seguidores interativos no Facebook, um público ativo e responsivo no X e milhões de visualizações no YouTube, a Fundação Napoleon Hill acompanhou os tempos, manteve uma presença *on-line* diária e, como resultado, Napoleon Hill permaneceu como a voz da atitude positiva e do desenvolvimento pessoal no século 21.

O mundo é um grande espelho no qual vemos não os defeitos dos outros como imaginamos ver, mas os pensamentos e atos que nós mesmos criamos.

– *Napoleon Hill*

Nos últimos cem anos, os escritos de Napoleon Hill afetaram a maneira como milhões de pessoas pensam, agem, alcançam e prosperam. Ele é, de longe, a autoridade global em pensamento introspectivo, atitude mental positiva e realização pessoal. *Quem pensa enriquece é* a referência global para o desenvolvimento pessoal, mas é apenas um livro dentre muitos em seu incrível corpo de trabalho. *Princípios de vida* estabelece as bases para todos os escritos de Hill.

Eis o significado disso para você. É a exposição ao pensamento original e aos primeiros escritos de Napoleon Hill sobre desenvolvimento pessoal, atitude positiva e riqueza.

Veja por que você precisa reler este livro. Há tantas joias neste livro que é impossível absorver todas as informações e sentir o impacto delas em apenas uma leitura. Tenha em mente que eu li *Quem pensa enriquece* dez vezes em um ano. A repetição leva à maestria.

Veja como isso ajuda você a vencer e a ter sucesso...

Este livro é um presente e um desafio. Os conteúdos falam por si. A questão (e o desafio) é: como exprimir, implementar, usar e convertê-los em sucesso para você? Hill os usou para o próprio sucesso. Como você os converterá em seu sucesso cem anos depois? Você fará isso? Espero sinceramente que sim.

Aqui estão doze citações do livro para guiar a sua vida...

- ❖ "Primeiro vem o pensamento; em seguida, a organização desse pensamento em ideias e planos; depois, a transformação desses planos em realidade. O início, como você observará, está em sua imaginação."
- ❖ "Entre as mil e uma pequenas coisas que compõem as qualificações necessárias no homem completamente eficiente está a importantíssima faculdade de

trabalhar com um propósito definido em vista, ou seja, um 'objetivo principal na vida'."

- ❖ "Grande salário e pouca responsabilidade são circunstâncias raramente encontradas juntas."
- ❖ "O entusiasmo é simplesmente uma questão de AUTOINSPIRAÇÃO, nada mais."
- ❖ "Qualquer ideia, plano ou propósito pode ser colocado na mente por meio da repetição do pensamento."
- ❖ "Parece-me que um dos grandes propósitos da vida é: SER FELIZ O TEMPO TODO E FAZER OS OUTROS FELIZES!"
- ❖ "Deus fez O mundo; mas Ele não faz o SEU mundo."
- ❖ "O esforço só libera totalmente sua recompensa depois que uma pessoa se recusa a desistir."
- ❖ "SEJA AMBICIOSO ANTES DE QUALQUER COISA. O RESTANTE SE ACERTARÁ SOZINHO."
- ❖ "A experiência mais rica que pode ocorrer a um homem ou a uma mulher é a da inversão financeira. O valor total de tal experiência dependerá de a aceitarmos como uma bênção ou como uma maldição."
- ❖ "ASSIM COMO UM HOMEM PENSA EM SEU CORAÇÃO, ASSIM ELE É."
- ❖ "TUDO O QUE PLANTARES, TAMBÉM COLHERÁS."

Essas citações surpreendentes são a ponta do *iceberg*. Volte e releia este livro e você encontrará mais cem. Não apenas citações – palavras de sabedoria instigantes e transformadoras de vida. Tome-as para si e as transforme em riqueza. Hill gostaria que fosse assim.

Se você é um sério "estudante do jogo", este livro tem a fórmula vencedora e as peças vencedoras – tudo o que você precisa fazer é lançar os dados e MOVER A SUA PRÓPRIA PEÇA.

– Jeffrey Gitomer
Rei das Vendas

"O caráter é construído lentamente, passo a passo. Cada pensamento e cada ação são incorporados a ele."

– Napoleon Hill

“

A educação vem de dentro. Você a consegue por meio de luta, esforço e pensamento.

– *Napoleon Hill*

”

Jeffrey Gitomer

Diretor-executivo de vendas

Gitomer (git-o-mer): 1. um escritor e palestrante criativo e entusiasmado, cuja experiência em vendas, fidelização de clientes e desenvolvimento pessoal é mundialmente reconhecida; 2. conhecido por apresentações, seminários e palestras que são engraçadas, perspicazes e diretas; 3. mundo real; 4. incomum; 5. preciso; e 6. dá ao público informações que podem ser usadas na rua um minuto após o término do seminário e que, em seguida, podem ser transformadas em dinheiro. Ele é o supremo Rei das Vendas. Veja também: vendedor.

AUTOR. Jeffrey Gitomer é o autor dos seguintes *best-sellers* do *New York Times: The Sales Bible, The Little Red Book of Selling, The Little Black Book of Connections* e *The Little Gold Book of YES! Attitude.* A maioria de seus livros tem sido *best-sellers* na Amazon.com, incluindo *Customer Satisfaction Is Worthless, Customer Loyalty Is Priceless, The Patterson Principles of Selling, The Little Red Book of Sales Answers, The Little Green Book of Getting Your Way, The Little Platinum Book of Cha-Ching, The Little Book of Trust, Social BOOM, The Little Book of Leadership* e *21.5 Unbreakable Laws of Selling.* Os livros de Jeffrey apareceram nas principais listas de *best-sellers* mais de 500 vezes e venderam milhões de cópias em todo o mundo.

MAIS DE 75 APRESENTAÇÕES POR ANO. Jeffrey dá seminários públicos e corporativos, realiza reuniões anuais de vendas e conduz programas de treinamento ao vivo e virtuais sobre vendas, Atitude SIM!, confiança, fidelização de clientes e desenvolvimento pessoal.

GRANDES CLIENTES CORPORATIVOS. Os clientes de Jeffrey incluem Coca-Cola, US Foodservice, Caterpillar, BMW, Verizon, MacGregor Golf, Hilton, General Motors, Enterprise Rent-A-Car, AmeriPride, NCR, IBM, Comcast Cable, Time Warner, Liberty Mutual, Principal Financial, Wells Fargo, Blue Cross Blue Shield, Carlsberg, Mutual of Omaha, AC Nielsen, Northwestern Mutual, Church Mutual Insurance, MetLife, Sports Authority, GlaxoSmithKline, *New York Post* e centenas de outros.

MILHÕES DE LEITORES TODAS AS SEMANAS. A coluna de divulgação de Jeffrey, "Sales Moves", aparece em dezenas de revistas de negócios e jornais nos Estados Unidos e na Europa, e é lida por mais de quatro milhões de pessoas todas as semanas.

NA INTERNET. O sensacional *site* de Jeffrey, Gitomer.com, recebe milhares de acessos por semana de leitores e participantes de seminários. A sua presença na *web* com recursos de última geração e sua capacidade de comércio eletrônico estabeleceu o padrão entre os pares e obteve enormes elogios e grande aceitação dos clientes. O blog de Jeffrey, salesblog.com, é outro recurso gratuito para informações de vendas e desenvolvimento pessoal.

MÍDIAS SOCIAIS DE NEGÓCIOS. Acompanhe Jeffrey nas mídias sociais: Facebook, X, LinkedIn e YouTube. Novas ideias, eventos e ofertas especiais são postados diariamente. Com mais de um milhão de seguidores nas mídias sociais e mais de quatro milhões de visualizações no YouTube, Jeffrey construiu uma onda de atração e engajamento.

VENDAS *ON-LINE* E TREINAMENTO DE DESENVOLVIMENTO PESSOAL. Gitomer Learning Academy é sobre Jeffrey, o tempo todo. A Gitomer Learning Academy contém incríveis cursos de vídeo interativos baseados nos treze livros *best-sellers* de Jeffrey com perguntas interativas, mais de 25 *webinars* e horas de informações, estratégias e ideias práticas de vendas que Jeffrey extraiu do mundo real. Começa com uma avaliação de vendas baseada em habilidades e, em seguida, oferece um curso de certificação interativo. Essa incrível ferramenta de vendas classifica as suas habilidades de vendas e explica as suas oportunidades personalizadas para o crescimento do conhecimento de vendas. A academia *on-line* está disponível o tempo todo em qualquer dispositivo. Ela é continuamente atualizada à medida que Jeffrey grava mais videoaulas e conteúdo. Trata-se de motivação contínua de vendas, intensificação de vendas e inspiração pessoal com a capacidade de acompanhar, medir e monitorar o progresso e a realização. Assim que você lê, assiste ou ouve qualquer conteúdo de Jeffrey, já pode colocá-lo em ação imediatamente e usá-lo em sua próxima ligação de vendas. A Gitomer Learning Academy é inovadora. A Gitomer Learning Academy é eficaz. Vá para GitomerLearningAcademy.com para motivação de vendas contínua e inspiração pessoal.

SALES CAFFEINE. A revista eletrônica de Jeffrey, *Sales Caffeine*, é entregue todas as terças-feiras de manhã para mais de 250 mil assinantes, gratuitamente. *Sales Caffeine* permite que Jeffrey comunique informações valiosas de vendas, estratégias e respostas aos profissionais de vendas em tempo hábil. Você pode se inscrever em www.salescaffeine.com.

PODCAST SELL OR DIE. Jeffrey Gitomer e Jennifer Gluckow compartilham os seus conhecimentos de vendas e desenvolvimento pessoal em seu *podcast* semanal, *Sell or Die*. No mundo de hoje de constante mudança, ainda há uma constante: ou você está vendendo ou morrendo. Sintonize no iTunes ou no seu aplicativo de *podcast* favorito – basta procurar por *Sell or Die*.

PRÊMIO DE EXCELÊNCIA EM APRESENTAÇÕES. Em 1997, Jeffrey recebeu o título de Certified Speaking Professional (CSP), palestrante profissional certificado, pela National Speakers Association. O prêmio CSP foi concedido menos de quinhentas vezes nos últimos 25 anos e é o mais alto título da associação.

SPEAKER HALL OF FAME. Em agosto de 2008, Jeffrey foi introduzido no Speaker Hall of Fame da National Speaker Association. A designação CPAE (Counsel of Peers Award for Excellence) homenageia palestrantes profissionais que alcançaram o primeiro escalão de excelência em desempenho. Cada candidato deve demonstrar domínio em sete categorias: originalidade do material, singularidade do estilo, experiência, entrega, imagem, profissionalismo e comunicação. Até o momento, 191 dos maiores oradores do mundo foram introduzidos no *hall*, incluindo Ronald Reagan, Art Linkletter, Colin Powell, Norman Vincent Peale, Earl Nightingale e Zig Ziglar.

"Se você quer ganhar riqueza, primeiro ganhe uma riqueza em conhecimento."

– Jeffrey Gitomer

Filosofia de vendas e vida de Jeffrey Gitomer:

Eu entrego algo valioso primeiro. Eu ajudo outras pessoas. Eu me esforço para ser o melhor no que eu amo fazer. Eu estabeleço relacionamentos de longo prazo com todos. Eu me divirto (e faço isso todos os dias).